pläne, Restaurants, die später öffnen als auf dem Schild steht oder über Museen, die früher schließen als angegeben.

Die meisten Geschäfte schließen über Mittag, ungefähr zwischen 13.30 und 15.00 Uhr, und haben am Sonntag und Montagvormittag zu. Der wichtigste Ferienmonat ist der August. Dann sind viele Geschäfte und Restaurants in Rom geschlossen (*chiuso per ferie*), selbst wenn das bei der entsprechenden Adresse im Guide nicht vermerkt ist. Im Zentrum macht es sich weniger bemerkbar, aber wundere dich in anderen Vierteln nicht über die Stille in den Straßen. Behalte das im Hinterkopf, um eventuellen Enttäuschungen vorzubeugen.

Seit einigen Jahren gelten in den Museen in Italien neue Bestimmungen. Früher war ein Museumsticket für Senioren ab 65 Jahren gratis, jetzt zahlen sie den vollen Preis. Als Entschädigung werden zweimal im Jahr Museumsnächte veranstaltet. Überdies haben die großen Sehenswürdigkeiten wie das Kolosseum jeden Freitag bis zehn Uhr abends geöffnet. Zudem ist der Eintritt zu den Museen jeden ersten Sonntag im Monat kostenlos. Seit Ausbruch der Corona-

Il Ritrovo del gusto

DAS BESTE VON ROM IN 6 ROUTEN

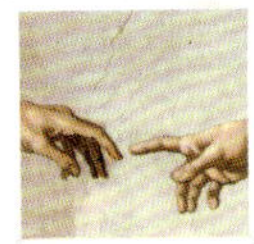

HAPPY TIME GUIDE ROM

Raus aus dem Hotel und schon geht's los zu den schönsten Vierteln der Stadt. Ganz nebenbei entdeckst du unterwegs neue Restaurants, den besten Kaffee und das vor Ort gebraute Bier. Im **happy time guide** geben vor Ort lebende Autoren aus Liebe zu ihrer Stadt ausschließlich die echten Highlights weiter. Auf diese Weise ersparst du dir die übervollen Allerwelts-Einkaufsstraßen und spazierst, während du unterwegs noch die eine oder andere Sehenswürdigkeit mitnimmst, zu den nettesten Adressen der Stadt, die auch von den Locals besonders gern besucht werden. Genieße jede Sekunde und mach das Beste aus deinem Städtetrip.

AUF NACH ROM!

Auf nach Rom! Nicht in die *bocca al lupo*, denn dieser Reiseführer lotst dich du
alle Schichten der römischen Geschichte. Laut Überlieferung wurde Rom 75
v. Chr. gegründet, wusste sich jedoch stets zu erneuern und ist noch immer
date. Auf den sechs Spaziergängen kommst du an allen Highlights Roms
vom Campo de' Fiori zum Kolosseum und von der Piazza Barberini zum T
Brunnen und zur Spanischen Treppe. Und siehst so 28 Jahrhunderte vor
Auf antiken Trümmern wuchsen mittelalterliche Stadtviertel, in denen (a
Überbleibseln) Renaissance-Palazzi und Barockkirchen erbaut wurden.
viertel des 19. Jahrhunderts erhalten ein zweites Leben und schmück
Wandbildern, und überall findest du hippe Geschäfte und tolle Resta
die Bar bleibt immer noch die Bar, und das Traditionelle ist nie weit

Mit dem **happy time guide** erlebst du wunderbare Spaziergä
gen Lifestyle und entdeckst die Stadt in deinem eigenen Te
dich großartig dafür vorbereiten musst. Unsere Routen fü
beliebtesten Restaurants, Cafés, Museen, Läden und Se
lang: vorbei an den Orten unserer Stadt, wo wir selbst
gute Zeit zu haben. Vielleicht treffen wir uns ja?

Keine der beschriebenen Adressen hat für die Vern
den Text noch für die Fotos. Sämtliche Texte wurden
Redaktion verfasst.

urch
3
up to
vorbei:
Trevi-
beiziehen:
us antiken
Arbeiter-
ken sich mit
urants. Aber
entfernt.
nge und den hiesi-
npo. Ohne dass du
hren dich an den
ehenswürdigkeiten ent-
gern hingehen, um eine
ittlung bezahlt, weder für
von einer unabhängigen

Best tips ever!

Meet the locals!

LOCAL
JESSICA SCHOTS

STADT
ROM

BERUF
KUNSTHISTORIKERIN, DOZENTIN & AUTORIN

In einer kleinen Bar sitzen und schreiben, neue Orte entdecken und stundenlang durch die Stadt spazieren, um danach Freunde zu treffen und gemeinsam noch mehr neue Orte zu entdecken. Jessica Schots sah es genau vor sich. Der Kunst, Architektur, des Wetters und der Lebensart wegen zog sie 2019 nach Rom.

PRAKTISCHE INFOS

Mit den sechs Routen aus diesem Guide kannst du zu Fuß und in deinem eigenen Tempo die schönsten Ecken der Stadt entdecken. Die Routen führen an Museen und Sehenswürdigkeiten vorbei und zeigen dir dabei vor allem, wo du gut essen und trinken, shoppen, das Leben genießen und schöne Dinge erleben kannst. Die Übersichtskarte vorne im Buch zeigt dir, durch welche Stadtteile die Routen verlaufen.

Jede Route ist klar und verständlich auf einem detaillierten Stadtplan eingezeichnet, der sich jeweils am Beginn des Kapitels befindet. Die Adressen sind ebenfalls darauf markiert. An der Farbe der Punkte erkennst du, um was für eine Adresse es sich handelt (schau dir dazu die Legende unten auf dieser Seite an). Zudem werden sämtliche Adressen in den Kapiteln ausgiebig beschrieben. Ohne einen längeren Aufenthalt an den genannten Adressen dauert eine Route maximal drei Stunden. Die Länge ist jeweils über der betreffenden Routenbeschreibung in Kilometern angegeben.

PREISE

Um dir eine Vorstellung von den Preisen in den Restaurants zu vermitteln, gibt es zu jeder Adresse einen Preishinweis. Sofern nicht anders angegeben, handelt es sich dabei um die Durchschnittskosten eines Hauptgerichts. Bei den Eintrittspreisen der Sehenswürdigkeiten sind es die regulären Tarife.

GUT ZU WISSEN

Römer finden es nicht schlimm, wenn der Tag nicht ganz nach Plan verläuft. Also entspann dich und genieß das Leben, reg dich nicht auf über fehlende Zeit-

LEGENDE

- >> SEHENSWÜRDIGKEITEN
- >> ESSEN & TRINKEN
- >> SHOPPEN
- >> FREIZEITTIPPS

pandemie muss man für alle Museen im Voraus ein Zeitfenster buchen. Wer unter 18 oder unter 26 Jahre alt ist (Schüler/Student), erhält oft eine Ermäßigung. Nimm deinen Personal- oder Studentenausweis mit.

Willst du Kirchen besuchen, beachte die Bekleidungsvorschriften. Nimm an warmen Sommertagen einen dünnen Schal mit, um die Schultern zu bedecken. Auch wer zu viel nacktes Bein zeigt, wird nicht eingelassen, eine Hose oder ein Rock bis über die Knie ist meist in Ordnung. Und immer auf die Öffnungszeiten achten, viele Kirchen schließen über Mittag.

RÖMISCHE ESSGEWOHNHEITEN

Essen spielt im italienischen Leben eine wichtige Rolle, aber Römer frühstücken nicht groß, meist holen sie sich einen Cappuccino und ein *cornetto* (Croissant) in ihrer Lieblingsbar. Bezahle an der Kasse und geh mit der Quittung an die Bar, sich an einem Tisch bedienen lassen kommt teurer. Römer essen im Allgemeinen spät. Zwischen 13.00 und 15.00 Uhr speisen sie ausführlich zu Mittag, und abends kommen nur in absoluten Touristenrestaurants die Teller vor 20.00 Uhr auf den Tisch. Der *aperitivo* ist der Relaxmoment des Tages. Nach der Arbeit, vor dem Essen: schnell ein Schlückchen und immer ein paar Häppchen dazu. Meide Restaurants, bei denen Kellner draußen das Menü anpreisen. Kehre ruhig aufs Geratewohl in irgendeiner römischen Trattoria oder Osteria ein - es ist wirklich schwierig, hier nicht gut zu essen.

Auf der Rechnung steht oft ein Betrag für *coperto*, das Gedeck, meistens ungefähr 2 bis 3 Euro pro Person. Dann brauchst du kein Trinkgeld zu geben, es sei denn, die Bedienung war überragend.

Typisch römische Gerichte sind Pasta *carbonara, cacio e pepe* und *amatriciana*, und Artischocken (*alla giuda* oder *alla romana*). Natürlich probierst du auch *supplì*. Am römischsten ist aber wohl *la cicoria* (einfach mal eine Portion bestellen).

NATIONALE FEIERTAGE

1. Januar > Neujahr
6. Januar > Dreikönig (Befana)
März oder April > Ostermontag

25. April > Tag der Befreiung Italiens
1. Mai > Tag der Arbeit
2. Juni > Fest der Republik
29. Juni > Peter und Paul
15. August > Mariä Himmelfahrt (Ferragosto)
1. November > Allerheiligen
8. Dezember > Unbefleckte Empfängnis
25. Dezember > Weihnachten
26. Dezember > Zweiter Weihnachtsfeiertag (Santo Stefano)

HAST DU NOCH TIPPS?

Wir haben diesen Reiseführer so sorgfältig wie möglich zusammengestellt. Allerdings ändert sich das Angebot von Geschäften, Restaurants, Cafés und Bars in Rom regelmäßig. Wir bemühen uns ständig, die Routen und Adressdaten auf dem neuesten Stand zu halten und überarbeiten diesen Reiseführer regelmäßig. Falls du eine Adresse dennoch nicht mehr findest oder andere Anmerkungen und Tipps für diesen Guide hast, dann lass es uns wissen. Schreib uns eine E-Mail an lektorat@verlagshaus.de.

VERKEHR

FLUGHAFEN

Eine Taxifahrt vom **Flughafen** Leonardo da Vinci (Fiumicino) ins Zentrum kostet 48 Euro, vom Flughafen Ciampino bezahlst du 30 Euro. Vorsicht: Dieser Tarif gilt nur für Ziele innerhalb der Aurelianischen Mauern (das historische Zentrum). An beiden Flughäfen gibt es viele inoffizielle Taxifahrer, die Touristen beschummeln. Steig nur in ein weißes Auto mit Taxameter. Du kommst auch per **Shuttlebus** zum Bahnhof Roma Termini (*www.sitbusshuttle.it, www.terravision.eu*). Eine Fahrt mit dem **Leonardo Express-Zug** von Fiumicino bis Termini kostet 14 Euro, für den Zug zum Bahnhof Trastevere zahlst du 8 Euro.

ÖFFENTLICHER NAHVERKEHR

In Rom gibt es drei Metrolinien. A und B kreuzen sich am Termini, Linie C befindet sich teilweise noch im Ausbau, am San Giovanni kannst du in die A-Linie

4
ROMA
atac

Caffé Doria

REGINA

umsteigen. Normalerweise verkehrt die **Metro** von 5.30 bis 23.30 Uhr (Freitag und Samstag bis 1.30 Uhr). Mit dem **Bus** erreichst du die Ecken, wo die Metro nicht hinkommt, aber die Busse sind oft sehr voll und richten sich oft nicht nach dem Fahrplan. Vorsicht vor Taschendieben. Fahrkarten für Metro, Bus, **Tram** und **Bahn** kosten 1,50 Euro und gelten 100 Minuten. Beim Einsteigen musst du die Karte abstempeln. Achtung: Mit einer einzigen Fahrkarte darfst du nur dann mehrere Metrofahrten mit Umsteigen zurücklegen, wenn du innerhalb der Zugangsschranken bleibst. Die Fahrkarten kannst du in Tabakwarenläden und Metrostationen kaufen. Es gibt Karten für einen Tag (7 Euro), zwei Tage (12,50 Euro), drei Tage (18 Euro) und eine Woche (24 Euro). Zwischen Mitternacht und 5.00 Uhr verkehren Nachtbusse. Weitere Informationen auf: *www.atac.roma.it*.

Der **Roma Pass** (*www.romapass.it*) ist eine Karte, mit der man zwei Tage lang den ÖPNV benutzen kann, außerdem bietet er Gratiszugang zu zwei Museen. Die Karte kostet 32 Euro und wird in den Touristeninformationen, allen teilnehmenden Museen und verschiedenen Metrostationen verkauft.

TAXI

Taxis dürfen offiziell nicht auf der Straße anhalten, sondern müssen am Taxistand auf Kundschaft warten. Achte darauf, dass der Fahrer den Zähler einschaltet. Gepäck kostet extra, und nach 22.00 Uhr sowie an Sonn- und Feiertagen liegt der Preis ebenfalls höher, er beginnt dann bei 5 Euro. Trinkgeld brauchst du keins zu geben. Ein Taxi bestellt man unter der Nummer 0039063570.

MOTORROLLER

Wer sich traut, kann es auch echt römisch angehen und einen **Motorroller** mieten (ungefähr 40 Euro pro Tag). Du brauchst einen Führerschein und musst einen Helm tragen. Wenn du zum Bahnhof Termini willst, kannst du zum Beispiel zu Treno & Scooter auf der Piazza del Cinquecento gehen (*https://rent.trenoescooter.com*). Vielleicht magst du auch einen **E-Scooter** nehmen.

Das Zentrum von Rom ist im Übrigen nicht sehr groß, das meiste lässt sich prima zu Fuß erkunden.

RAD FAHREN

Wundere dich nicht, wenn du in Rom einen Radweg findest, der nach hundert Metern aufhört – das kommt öfter vor und ist ein bezeichnendes Beispiel für die vergeblichen Bemühungen von Radfreunden, die Stadt fahrradtauglicher zu machen. Auch die Reihen von Löchern, wo kürzlich noch Ständer mit Mieträdern drin standen, sind stille Zeugen davon. Dennoch sieht man in den letzten Jahren immer mehr Fahrräder in der Stadt. Rom wurde auf mehreren Hügeln erbaut, daher lässt sich nicht jeder Stadtteil gleich gut per **Fahrrad** (*bici*) erreichen. Doch eine Reihe von Attraktionen des historischen Zentrums befindet sich auf ebenem Terrain, vor allem die Viertel ringsum die Piazza Navona, das Pantheon, die Piazza del Popolo, der Trevi-Brunnen, der Campo de' Fiori und das *ghetto*. Falls du das Fahrrad nimmst: Mach dich auf chaotischen Verkehr gefasst. Viele römische Radfahrer tragen einen Helm. Falls die Fahrradklingel nicht funktioniert, ist vielleicht der Ausruf *attenzione*! (Vorsicht!) nützlich.

Es gibt relativ wenige Radwege in Rom, besonders im Zentrum. Auf *www.piste-ciclabili.com* findet sich eine Übersicht (die grünen Linien). Willst du gemütlich mitten in der Stadt eine ganze Strecke mit dem Rad zurücklegen, ohne vom dichten Verkehr gestört zu werden? Dann lass dein Rad am Fluss entlang abwärts gleiten und überquere den Lungotevere. Ansonsten ist überall in der Stadt Vorsicht geboten – der durchschnittliche römische Autofahrer ist eher nicht auf Radfahrer eingestellt.

Ein Tipp zu Radverleih und geführten Besichtigungstouren per Fahrrad ist Topbike Rental & Tours in der Via Labicana 49. Diese Organisation mit enthusiastischen, Deutsch sprechenden Mitarbeitern nimmt dich gern mit, um dir Rom und seine reiche Geschichte nahezubringen. Schau mal auf die Website *www.topbikerental.com* oder ruf sie an, um nähere Informationen zu erhalten: 064882893. Im Internet findest du übrigens noch genügend Alternativen, wie Bici & Baci (*www.bicibaci.com*) und Around A Roman Bike (*aroundrome.eu*). Die knallroten **Uber Jump**-Fahrräder, die überall herumstehen, mietest du mit deiner Uber-App.

TOP 10 FILMLOCATIONS

1 **Cinecittà** ist eines der wichtigsten Filmsets der Welt > Via Tuscolana 1055

2 Anita Ekberg planscht in *La Dolce Vita* im **Trevi-Brunnen** > S. 86

3 **Bocca della Verità**: berühmt aus *Ein Herz und eine Krone* > S. 106

4 Tom Cruise rast in *Mission Impossible 7* über die **Spanische Treppe** > S. 86

5 *Angels & Demons* auf der **Piazza del Popolo** > S. 88

6 *The Young Pope & The New Pope* im **Vatikan** > S. 38

7 *Suburra* ist nach dem Viertel, das nun **Monti** heißt, benannt > S. 59

8 *La Grande Bellezza* beginnt an der **Fontana dell'Acqua Paola** > S. 126

9 **Trastevere** bildet die Kulisse für *To Rome With Love* > S. 118

10 In *Ladri di Biciclette* spielt die **Porta Portese** eine Rolle > S. 140

TOP 10 RESTAURANTS

1 **Armando al Pantheon** ist beinahe genauso alt wie der Tempel selbst > S. 109

2 **Trattoria Da Enzo al 29** in der ruhigsten Ecke von Trastevere > S. 111

3 **Roscioli** macht die Wahl zur Qual > S. 29

4 In **La Taverna dei Fori Imperiali** hätten selbst die Kaiser nichts zu bemängeln > S. 73

5 **Ristorante Broccoletti**: bodenständig essen in Monti > S. 70

6 Iss klassische Gerichte mit Pfiff im **Felice a Testaccio** > S. 113

7 **Borgosteria**: die beste Osteria in Borgo > S. 49

8 **Osteria delle Coppelle** für einen feinen römischen Abend > S. 33

9 Bei **Ba'ghetto** isst du koscher im *ghetto* > S. 111

10 Zu **Ivo a Trastevere** gehst du nicht wegen der Einrichtung > S. 130

TOP 10 AUSGEHEN

1 Genieße ein spätes Abendessen im **Maccheroni** > S. 34

2 Bier trinken in **San Lorenzo** > rund um die Piazza dell'Immacolata

3 Ein Opernbesuch im **Teatro dell' Opera** > Piazza Beniamino Gigli 7

4 Feiere ab 19.00 Uhr auf der **Piazza della Madonna dei Monti** > S. 77

5 Besuche eine Vorstellung im Schlachthaus **Mattatoio di Roma** > S. 124

6 Die Wahl fällt schwer bei **Porto Fluviale** > S. 129

7 Aperol Spritz und Bernini bei **Camillo dal 1890** > S. 33

8 Cocktail plus *tramonto romana* bei **Zuma** > S. 90

9 Besuche die **Musei Vaticani** am Freitagabend > S. 42

10 **The Sanctuary** ist eine Oase im Herzen Roms > Via delle Terme di Traiano 4a

TOP 10 SONNTAG

1. Auf dem **Petersplatz** wünscht dir der Papst nach der Sonntagsmesse guten Appetit > S. 46

2. **Palatino** und **Forum Romanum**: Herzstück des alten Roms > S. 65

3. Ein Spaziergang durch **Ostia Antica** lässt die Antike wiederaufleben > Via dei Romagnoli

4. Die Etruskische Sammlung in der **Villa Giulia** ist beeindruckend > Piazzale di Villa Giulia 9

5. Nach einem Besuch im **Chiostro del Bramante** brunchen > S. 24

6. Im **Lago di Bracciano** baden gehen > S. 142

7. Der Flohmarkt **Porta Portese** > S. 140

8. Vintage auf dem **Borghetto Flaminio** > Piazza della Marina 32

9. **Gratis-Museumsbesuche** am ersten Sonntag im Monat

10. Eine Tour durch das fabelhafte **Quartiere Coppedè** > S. 141

ROUTE 1

CENTRO STORICO

INFOS ZUR ROUTE

Wenn du das erste Mal in Rom bist, ist diese Tour ein guter Einstieg. Du passierst die schönsten Straßen, Plätze und Brücken, die eindrucksvollsten Kirchen, tollsten Geschäfte, nettesten Terrassen und besten Restaurants. Du kannst ruhig ein Stückchen auslassen oder eine Extrarunde drehen, falls ein weiterer schöner Ausblick deine Aufmerksamkeit erregt – hier kann man kaum etwas falsch machen.

DAS VIERTEL

Dieser Spaziergang im **Centro Storico** schlängelt sich durch die Stadtteile Ponte, Regola, Parione, Sant'Eustachio und Pigna und nimmt noch eine Ecke von Trastevere mit. Zu Zeiten der Römischen Republik wurde das hier gelegene Marsfeld, das flache Landstück an der Biegung des Flusses, zu einem Zentrum für Handel, Religion und Kultur. Das ist es im Grunde auch immer geblieben, dies ist der einzige Teil von Rom, der nach dem Zerfall des Römischen Reiches ständig bewohnt blieb. Du begegnest hier also wirklich dem Rom aller Zeiten.

Du kannst hier einfach in eine Kirche hineinspazieren und Fresken von Raffael und Gemälde von Caravaggio bewundern, Überbleibsel aus dem Altertum anschauen und es dir anschließend auf einer Terrasse über diesen Trümmern am schönsten Platz Roms gutgehen lassen.

Eine der hübschesten Straßen auf dem Weg ist die Via dei Coronari, benannt nach den alten Rosenkranzverkäufern. Obwohl die Straße älter ist, besitzt sie Renaissance-Charakter, denn Papst Sixtus IV. hat ihr eine Generalüberholung verpasst. Er ließ den Weg befestigen und die Fassaden aufhübschen, alle Säulengänge und Portale mussten verschwinden. Die Caravaggios in der **San Luigi dei Francesi** sind (zu Recht) ziemlich gut besucht. Das wunderbare Fresko von Raffael in der Santa Maria della Pace wurde erst 2020 restauriert, anlässlich des 500. Sterbejahrs des Renaissance-Meisters. Für die Chigi-Kapelle malte er hier vier Sibyllen.

Ein Highlight des Spaziergangs ist die **Piazza Navona**, der schönste Platz Roms, erbaut auf dem Stadion von Domitian. Hinter dem Platz, neben der Piazza di Tor Sanguigna, kannst du die Stadionüberreste gut sehen.

Das **Pantheon** ist ein absolutes Muss für Rombesucher. Es wurde zu Beginn des zweiten Jahrhunderts nach Christus erbaut und hat alles gesehen und miterlebt. Das überwältigende Gebäude, berühmt für die Öffnung in der Kuppel, wird sicher einen bleibenden Eindruck bei dir hinterlassen.

WENIG ZEIT? DAS SIND DIE HIGHLIGHTS:
CAMPO DE FIORI + PIAZZA NAVONA + BERNINIS FONTANA DEI QUATTRO FIUMI + CARAVAGGIOS IN DER SAN LUIGI DEI FRANCESI + PANTHEON

TIPPS

// Nicht verpassen, wenn du das erste Mal in Rom bist // An den mittelalterlichen Sträßchen liegen die schönsten Restaurants // Kombiniere diese Tour mit Route 5

CENTRO STORICO

1. Arco dei Banchi
2. Écru
3. Via Giulia
4. Galleria Corsini
5. Villa Farnesina
6. Ponte Sisto
7. Salumeria/Vineria Roscioli
8. BE C.
9. 104 Pandemonium
10. Pasticceria de Bellis
11. ZUM Roma
12. Campo de' Fiori
13. Forno Campo de Fiori
14. Palazzo Farnese
15. Officine ReD
16. Barnum
17. Supplizio
18. Il Goccetto
19. Marta Ray
20. Gelateria del Teatro
21. Chiostro del Bramante
22. Emporio alla Pace
23. Libera+soon
24. Omero e Cecilia
25. Otherwise
26. Piazza Navona
27. Sant'Agnese in Agone
28. Fontana dei Quattro Fiumi
29. Camillo dal 1890
30. San Luigi dei Francesi
31. Sant'Agostino in Campo Marzio
32. Co.Ro.
33. Booktique
34. Osteria delle Coppelle
35. Maccheroni
36. Pantheon

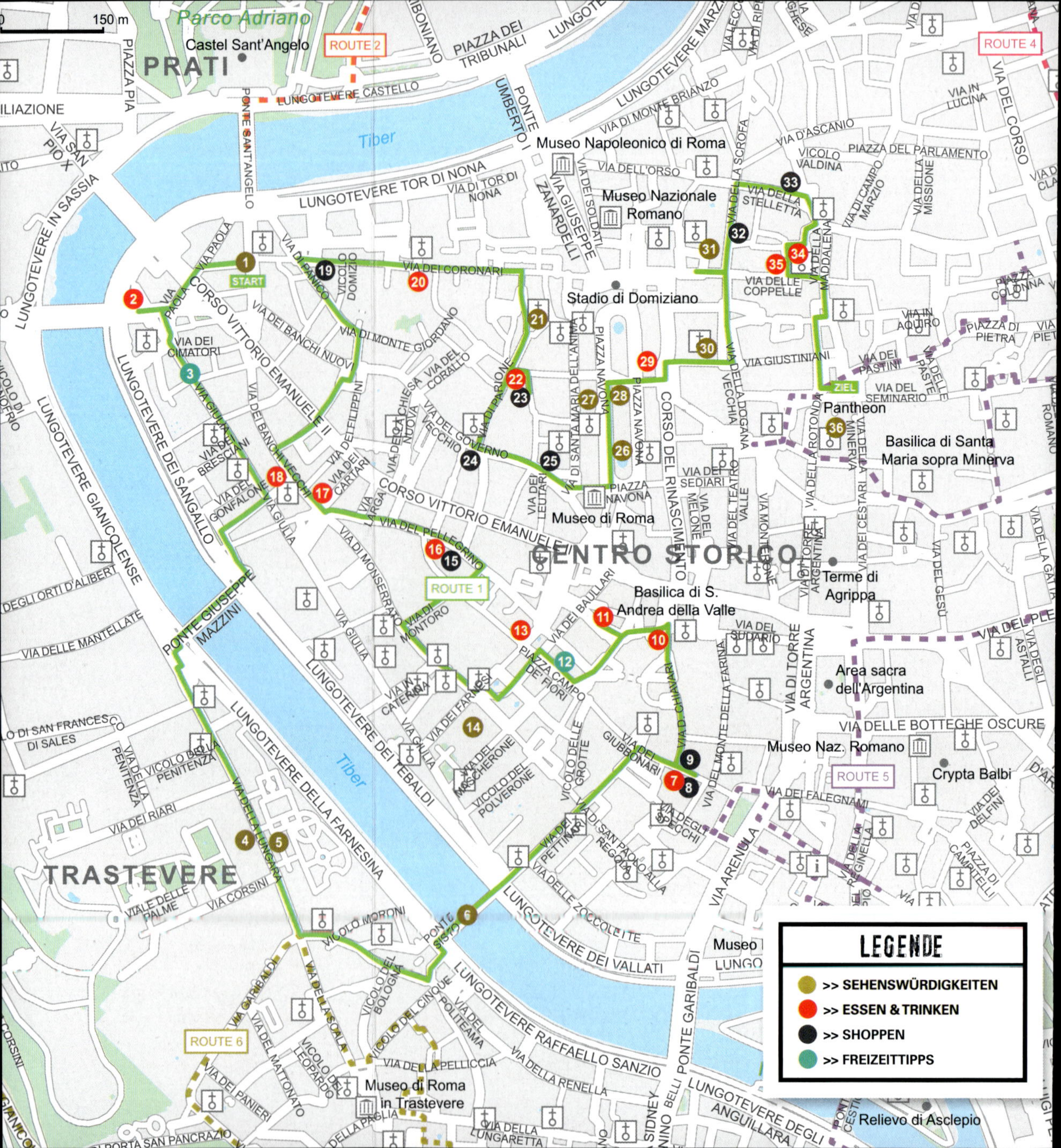

150 m
Parco Adriano
Castel Sant'Angelo
PRATI
ROUTE 2
ROUTE 4
ROUTE 1
ROUTE 5
ROUTE 6
Tiber
LUNGOTEVERE CASTELLO
PIAZZA PIA
PIAZZA DEI TRIBUNALI
PONTE UMBERTO I
PONTE SANT'ANGELO
LUNGOTEVERE IN SASSIA
LUNGOTEVERE TOR DI NONA
VIA DI TOR DI NONA
LUNGOTEVERE MARZIO
VIA DI MONTE BRIANZO
Museo Napoleonico di Roma
VIA DELL'ORSO
VIA D'ASCANIO
VICOLO VALDINA
PIAZZA DEL PARLAMENTO
VIA IN LUCINA
VIA DEL CORSO
VIA DELLA SCROFA
VIA DELLA STELLETTA
VIA DI CAMPO MARZIO
VIA DELLA MISSIONE
Museo Nazionale Romano
VIA GIUSEPPE ZANARDELLI
VIA DEI SOLDATI
VIA DELLA MADDALENA
VIA DELLE COPPELLE
VIA DEI CORONARI
VIA DI PANICO
VICOLO DOMIZIO
VIA PAOLA
START
Stadio di Domiziano
PIAZZA COLONNA
VIA IN AQUIRO
PIAZZA DI PIETRA
VIA DEI PASTINI
VIA DELLE PASTE
VIA GIUSTINIANI
VIA DEL SEMINARIO
ZIEL
Pantheon
Basilica di Santa Maria sopra Minerva
VIA DEI CIMATORI
CORSO VITTORIO EMANUELE II
VIA DEI BANCHI NUOVI
VIA DI MONTE GIORDANO
VIA DEL CORALLO
VIA DEI FILIPPINI
VIA DELLA CHIESA NUOVA
VIA DEL GOVERNO VECCHIO
VIA DI PARIONE
VIA DI SANTA MARIA DELL'ANIMA
PIAZZA NAVONA
CORSO DEL RINASCIMENTO
VIA DELLA DOGANA VECCHIA
VIA DELLA ROTONDA
VIA DELLA MINERVA
VIA DEI SEDIARI
VIA DEL TEATRO VALLE
VIA MONTERONE
VIA DEI LEUTARI
Museo di Roma
CENTRO STORICO
VIA DEI CESTARI
VIA DEL GESÙ
VIA DI TORRE ARGENTINA
Terme di Agrippa
LUNGOTEVERE DEI SANGALLO
VIA GIULIA
VIA DEI BANCHI VECCHI
VIA DEI BRESCIANI
VIA DEL GONFALONE
VIA DEI CARTARI
VIA DEL PELLEGRINO
VIA DI MONSERRATO
VIA DI MONTORO
VIA DEI BAULLARI
Basilica di S. Andrea della Valle
VIA DEL SUDARIO
PIAZZA CAMPO DE' FIORI
VIA DEI CHIAVARI
VIA DEL MONTE DELLA FARINA
Area sacra dell'Argentina
VIA DELLE BOTTEGHE OSCURE
Museo Naz. Romano
Crypta Balbi
VIA DEGLI ASTALLI
VIA DEL PLEBISCITO
LUNGOTEVERE GIANICOLENSE
VIA DEGLI ORTI D'ALIBERT
VIA DELLE MANTELLATE
PONTE GIUSEPPE MAZZINI
LUNGOTEVERE DEI TEBALDI
VIA IN CATERINA
VIA DEI FARNESI
VIA DEL MASCHERONE
VICOLO DEL POLVERONE
VICOLO DELLE GROTTE
VIA DEI GIUBBONARI
VIA DEI PETTINARI
VIA DI SAN PAOLO ALLA REGOLA
VIA DEGLI SPECCHI
VIA ARENULA
VIA DEI FALEGNAMI
VIA DELLA REGINELLA
PIAZZA DI CAMPITELLI
VIA DEI DELFINI
VIA DI SAN FRANCESCO DI SALES
VICOLO DELLA PENITENZA
VIA DELLA PENITENZA
VIA DEI RIARI
VIA DELLA LUNGARA
TRASTEVERE
VIALE DELLE PALME
VIA CORSINI
LUNGOTEVERE DELLA FARNESINA
VIA DELLE ZOCCOLETTE
LUNGOTEVERE DEI VALLATI
VICOLO MORONI
PONTE SISTO
VICOLO DEL BOLOGNA
VICOLO DEL CINQUE
VIA DEL POLITEAMA
LUNGOTEVERE RAFFAELLO SANZIO
VIA DELLA RENELLA
PONTE GARIBALDI
VIA GARIBALDI
VIA DELLA SCALA
VIA DEL MATTONATO
VICOLO DEL LEOPARDO
VIA DELLA PELLICCIA
Museo di Roma in Trastevere
VIA DEI PANIERI
VIA DELLA PAGLIA
VIA DELLA LUNGARETTA
PORTA SAN PANCRAZIO
LUNGOTEVERE DEGLI ANGUILLARA
PONTE CESTIO
Relievo di Asclepio
1 2 3 4 5 6 7 8 9 10 11 12 13 14 15 16 17 18 19 20 21 22 23 24 25 26 27 28 29 30 31 32 33 34 35 36
LEGENDE
>> SEHENSWÜRDIGKEITEN
>> ESSEN & TRINKEN
>> SHOPPEN
>> FREIZEITTIPPS

BESCHREIBUNG ROUTE 1 (ca. 5,9 km)

Los geht's unter den Sternen des Arco dei Banchi 1. Halte dich am Ende der Straße links, überquere den Corso Vittoria Emanuele II und biege dann rechts in die Via Acciaiolo auf einen veganen Imbiss 2. Ein Stückchen zurück kreuzt du rechts die Piazza dell'Oro zur Via Giulia 3. Biege rechts in den Vicolo della Scimia und folge links der Via Bravaria, um den Tiber zu überqueren. Nimm links die Treppe hinunter zur Via della Lungara ins Rom der Familien Corsini, Chigi und Farnese 4 5. Spaziere links in die Via Benedetta und wieder links über die Piazza Trilussa. Überquere den Ponte Sisto 6, halte dich geradeaus und biege rechts in die Via dei Giubonari, um lecker zu essen 7 und zu shoppen 8 9. Kehr um, geh zurück in die Via dei Chiavari und links die Piazza del Paradiso hoch auf etwas Süßes 10 11. Die Via del Biscione bringt dich zum Campo de' Fiori 12 13. Folge der Via del Baullari zum Palazzo Farnese 14. Rechts vom Palazzo nimmst du die Via di Monserrato, schlenderst rechts die Via di Montoro hoch und links in die Via del Pellegrino zum Einkaufsbummel 15 oder um gemütlich irgendwo zu sitzen 16. Weiter geht's zur Via dei Bancchi Vecchi, dort gibt's Streetfood und ein gutes Glas Wein 17 18. Biege rechts in die Via Sforza Cesarini, überquere den Corso Vittorio Emanuele und halte dich geradeaus. Über die Piazza dell'Orologio und durch die Via degli Orsini gehst du links in die Via del Panico. Folgst du an der Piazza dei Coronari rechts der Via dei Coronari, kannst du Schuhe und Eis kaufen 19 20. Durch den Arco delle Pace (rechts) geht's in ein Kloster 21. Biegst du links ab, kommst du zu einem Café 22, danach kannst du rechts in der Via del Teatro Pace essen, trinken und ein Geschenk kaufen 23. Lauf ein paar Schritte zurück und links in die Via di Parione. Ein Stück auf der Via del Governo Vecchio nach rechts kannst du Vintage shoppen 24, nach links Bücher 25. Betritt dann das „sprechende" Bild Piazza Navona und lass es auf dich wirken 26 27 28, bevor du dich zwischen den Römern auf der Terrasse niederlässt 29. Verlass den Platz über die Corsia Agonale und folge hinter dem Palazzo der Via del Salvatore. Bewundere links die Caravaggios 30. Nochmal links in der Via di Sant'Agostino kannst du eine weitere Kirche besuchen 31. Zurück in der Via della Scrofa gibt's Schmuck zu kaufen 32, rechts in der Via della Stelletta Souvenirs 33. Schon wieder hungrig? Gleich um die Ecke bekommst du etwas zu essen 34 35. Geh dann links in die Via delle Coppelle und rechts die Via della Maddalena lang. Überquere den kleinen Platz diagonal und betritt die Via della Rosetta. Natürlich kann diese Route nur am Pantheon enden 36.

SEHENSWÜRDIGKEITEN

① Der reiche Bankier Agostino Chigi (auch ein wichtiger Auftraggeber des Renaissancezeit-*it-boys* Raffael) wohnte in dem Palazzo neben dem damals sogenannten Cortile dei Chigi: Agostino wollte sein Privatgelände abschirmen und errichtete hier eine Mauer. De **Arco dei Banchi** verbindet mit einem blauen Sternenhimmel die Via del Banco di Santo Spirito und die Via Paola. Das Ölgemälde der Madonna stammt aus dem 19. Jahrhundert und der Markierungsstrich auf dem Stein beim Eingang erinnert an das Hochwasser von 1277.

Via dell'Arco dei Banchi, Bus 40, 46, 62, 64, 190F, 916, 916F, n46, n98, n904 Acciaioli

④ Die Corsini-Familie besitzt einen der ältesten Stammbäume in Europa. Ursprünglich handelte es sich um Bankiers aus Florenz, doch der römische Zweig spielte eine maßgebliche Rolle innerhalb der Kirche. Der Palazzo, der heute die **Galleria Corsini** beherbergt, stammt von 1511. In der Mitte des 17. Jahrhunderts zog Christina von Schweden hier ein; sie war zum Katholizismus übergetreten und hatte deshalb ihren Wohnsitz nach Rom verlegt.

Via della Lungara 10, www.barberinicorsini.org, Tel. 0668802323, Mo & Mi–So 8.30–19.00 Uhr, Eintritt 12 €, Tram 8 Viale di Trastevere

⑤ Die **Villa Farnesina** wurde für Agostino Chigi erbaut, der seinen Lieblingskünstler Raffael hier unterbrachte, damit der die Wände mit Fresken verzierte. Das bekannteste davon ist *Trionfo di Galatea*. Raffael war damals unsterblich in die Bäckerstochter „La Fornarina" verliebt. Romantisch wie er war, konnte er erst weiterarbeiten, als La Fornarina ihm Gesellschaft leisten durfte. Seinen heutigen Namen erhielt das Gebäude, als Alessandro Farnese es kaufte.

Via della Lungara 230, www.villafarnesina.it, Tel. 0668027268, Mo–Sa 9.00–14.00, 2. So im Monat 9.00–17.00 Uhr, Eintritt 10 €, Tram 8 Viale di Trastevere

⑥ Den **Ponte Sisto** ließ Papst Sixtus IV (Della Rovere) bauen, Namensgeber der Sixtinischen Kapelle. Anlass für den Bau war ein Unglück im Heiligen Jahr 1450. Auf der Brücke bei Castel Sant'Angelo drängten sich damals so viele Pilger, dass Menschen in den Tiber fielen und ertranken. Die Brücke war pünktlich zum Heiligen Jahr 1475 fertig. Zurzeit treten regelmäßig Musiker dort auf.

Ponte Sisto, Bus 23, 280 Lgt. Farnesina/Trilussa

28

(14) Die Bauarbeiten am **Palazzo Farnese** mussten vorübergehend eingestellt werden, als der heilige römische Kaiser Karl V in Rom einfiel. Aus dem Auftraggeber Alessandro Farnese wurde im Lauf der Bauzeit Papst Paul III., und da bekam sein Palast natürlich ein Upgrade. Die renommiertesten Namen der italienischen Hochrenaissance haben „mitgebaut": Michelangelo, Vignola, Della Porta. Der Palazzo Farnese gilt als der wichtigste Hochrenaissance-Palazzo der Stadt. Heute ist hier die französische Botschaft untergebracht und eine Besichtigung muss lange im Voraus reserviert werden. Die großen „Badewannen" auf dem Platz stammen aus den Thermen von Kaiser Caracalla.

Piazza Farnese, www.inventerrome.com, Tel. 060608, geöffnet nur mit Reservierung Mo, Mi & Fr, Eintritt 9 €, Bus 46, 62, 64, 916, 916F, n46, n98, n904 C.so Vittorio Emanuele/Navona

(21) Dass Bramante ein Renaissance-Architekt war, wird an der Harmonie, dem Rhythmus und den „perfekten" Proportionen dieses Klosters deutlich. Auf dem Innenhof des **Chiostro del Bramante** siehst du, welche Mühe er sich damit gab: Die Eckpfeiler verschwinden in der Mauer. Von dem Raum neben der Bar

im ersten Stock aus siehst du Raffaels Sibyllen in der Santa Maria della Pace, ein Fresko, das er für Agostino Chigi anfertigte.

Arco della Pace 5, www.chiostrodelbramante.it, Tel. 0668809035, Mo–Fr 9.30–20.30 Uhr, Eintritt frei, Bus 30, 70, 81, 87, 492, 628, n70, n913 Senato

㉖ Die **Piazza Navona** ist ein Erlebnis für sich, der ultimative Platz, erbaut auf den Ruinen des Stadions von Kaiser Domitianus. Die Überreste kannst du an der Nordseite des Platzes und in der Krypta der Sant'Agnese sehen. Zu Beginn des Mittelalters, als das Stadion ausgedient hatte, stellte man fest, dass die Tribünen ein prima Fundament für Häuser ergaben. Die alten Römer waren schließlich gute Baumeister gewesen. Mitte des 17. Jahrhunderts entschied Papst Innozenz X. – Oberhaupt der wohlhabenden Pamhilij-Familie – dass der Platz ein neues Gesicht brauchte. Die Familie besaß dort eine Reihe Häuser, die zu einem Barock-Palazzo umgestaltet wurden. Borromini baute hier die Sant' Agnese und Bernini seine Fontana dei Quattro Fiumi.

Piazza Navona, Bus 46, 62, 64, 916, 916F, n46, n98, n904 C.so Vittorio Emanuele/Navona

㉗ Die Heilige Agnes war ein frommes Christenmädchen, das sich für Gott aufbewahren wollte, aber zum Heiraten gezwungen wurde. Sie erreichte, dass ihr Ehemann sich bekehren ließ und ihren Beschluss respektierte. Ein Mädchen mit einem starken Glauben also, der aber auch gefährlich war, zumindest bis ins Jahr 305, als Kaiser Diokletian die Christenverfolgung abschaffte. Für Agnes kam das leider zu spät; sie wurde hier 304 zum Tode verurteilt und verbrannt, weil sie sich bekreuzigt hatte. Die **Sant'Agnese in Agone** von Borromini, mit der fast wellenförmigen Fassade und voller Pracht und Prunk, ist ihr geweiht. In der Kuppel siehst du, wie Agnes in den Himmel aufgenommen wird.

Piazza Navona/Via S. Maria dell'Anima 30a, www.santagneseinagone.org, Tel. 0668192134, Di–So 9.00–12.30 & 15.30–19.00 Uhr, Eintritt frei, Bus 30, 70, 81, 87, 492, 628, C3, n70, n201, n913 Rinascimento

㉘ Es ist ein kleines Wunder, dass Bernini diesen Brunnen überhaupt bauen durfte. Innozenz X. war kein Fan von ihm – alles viel zu wollüstig. Überdies war Bernini als Künstler eng mit dem Hof von Urban VIII. verbunden gewesen, dem Vorgänger und Erzrivalen von Innozenz. Mit Schmeichelei und einem kleinen Geschenk – ein maßstabgetreues Modell des Entwurfs – wusste sich Bernini den

Auftrag dennoch zu sichern. Die **Fontana dei Quattro Fiumi** umgeben die vier Personifizierungen der großen Flüsse, die durch die (damals) christlichen Kontinente flossen. Sie basieren auf antiken Flussgöttern, sind aber dynamisch und auf einer Pobacke balancierend dargestellt. Der Nil zieht sich einen Umhang über den Kopf, die Quelle des Flusses war damals noch nicht bekannt. Und erschreckt sich der Rio de la Plata etwa vor der Fassade von Sant'Agnese, erbaut von Berninis größtem Konkurrenten Borromini? Nette Anekdote, aber nein, das Wasser plätscherte hier schon lange, bevor Borromini Baupläne zeichnete, im Brunnen.
Piazza Navona, Bus 46, 62, 64, 916, 916F, n46, n98, n904 C.so Vittorio Emanuele/Navona

(30) Hinter der ziemlich schlichten Fassade von **San Luigi dei Francesi** versteckt sich ein Interieur barocken Überflusses. Ignoriere das erst einmal und geh direkt durch bis zur letzten Kapelle links: Hier hängen drei Gemälde von Caravaggio. Der Meister der Hell-Dunkel-Malerei zeigt drei Szenen aus dem Leben des Matthäus, wie nur er allein es konnte: zurückhaltend und düster, aber doch intensiv und dramatisch. Diese Serie war Caravaggios erster großer Auftrag in Rom; er wohnte damals bei jenem Kardinal, dem der nahegelegene Palazzo Madama gehörte.
Piazza San Luigi dei Francesi 5, www.saintlouis-rome.net, Tel. 06688271, Mo–Fr 9.30–12.45 & 14.30–18.30, Sa 9.30–12.15 & 14.30–18.30, So 11.30–12.45 & 14.30–18.30 Uhr, Eintritt frei, Bus 30, 70, 81, 87, 492, 628, n70, n913 Senato

(31) Dass es sich in Rom lohnt, jede Kirche zu betreten, beweist die **Sant'Agostino in Campo Marzio**. Die nüchterne Renaissance-Fassade fällt nach der barocken Wucht der Piazza Navona fast nicht auf, aber drinnen stößt du auf zwei prächtige Werke großer Meister: Raffael schuf das Fresko des Propheten Jesaja, kurz nachdem er Michelangelos Propheten in der Sixtinischen Kapelle gesehen hatte, von dem er offensichtlich schwer beeindruckt war. In der ersten Kapelle des linken Kirchenschiffs ist Caravaggios *Madonna di Loreto* zu bewundern.
Via della Scrofa 80, www.agostiniani.it, Tel. 0668801962, tgl. 7.00–13.00 & 16.00–20.00 Uhr, Eintritt frei, Bus 30, 70, 81, 87, 492, 628, n70, n913 Senato

(36) Marcus Agrippa (die rechte Hand von Kaiser Augustus) ließ 27–25 v. Chr. an der Stelle, wo jetzt das **Pantheon** steht, einen Tempel errichten. Kaiser Hadrian war später so fair, M.AGRIPPA auch noch als den Erbauer (L·F·COS·TERTIVM·FECIT) des Neubaus zu würdigen, nachdem der Originaltempel bei einem Brand

31

6
Feel the history

30

28

16
BARNUM
BARNUM
BARNUM
COOKIES

20
79

beschädigt worden war. Die Inschrift an der Fassade blieb nämlich die gleiche wie auf dem alten Tempel. Das neue Pantheon wurde 126 n. Chr. eingeweiht und hat folglich rund 1900 Jahre Geschichte auf dem Buckel. Es ist wirklich ein besonderes Gebäude – und das nicht nur weil es schon so lange steht und so unglaublich gut erhalten geblieben ist. Am Wochenende und an Feiertagen musst du für den Besuch über *pantheon.cultura.gov.it* im Voraus reservieren.
Piazza della Rotonda, www.pantheonroma.com, Tel. 03478205204, Mo–Sa 9.00–19.15, So 9.00–17.45 Uhr, Eintritt frei, Bus Largo di Torre Argentina

ESSEN & TRINKEN

(2) In Rom kannst du endlos an der Theke einer kleinen, authentischen Bar stehen und *caffè* trinken, aber wenn es dich nach einem Cappuccino mit hausgemachter Mandelmilch in relaxtem Ambiente gelüstet: ab ins **Écru**. Hier kannst du auch prima zu Mittag essen: Alles ist vegan und bio.
Via Acciaioli 13, www.ecrurawfood.it, Tel. 0668804282, Do–So 10.00–18.00 Uhr, Preis Cappuccino 3,50 €, Bus 98 Via Paola

(7) Die Bäckerei Roscioli versorgte die Römer auf der Via dei Chiavari schon seit drei Generationen mit der besten *pizza bianca* und anderem Brot, aber mit der **Salumeria/Vineria Roscioli** hat die jüngste Generation einen echten Hit gelandet. Du kannst dort köstliche Käse, Schinken und Weine kaufen. Die *burrata* schmilzt auf der Zunge. Noch mehr Spaß macht es, sich zu einer Verkostung hinzusetzen. Vorherige Reservierung ist ein Muss, insbesondere zum Abendessen.
Via dei Giubbonari 21, www.salumeriaroscioli.com, Tel. 066875287, tgl. 12.00–18.00 Uhr, Preis Pasta 14 €, Tram 8 Arenula/Cairoli

(10) Egal, ob man auf bildschöne Instagram-Motive oder einfach ein leckeres Frühstück aus ist – die **Pasticceria de Bellis** ist eine gute Wahl. Du kannst hier richtig in die Vollen gehen oder bloß ein *cornetto* bestellen. Wirf vorher einen Blick auf ihre Instagram-Seite *(@pasticceria_de_bellis)*, das macht Appetit.
Piazza del Paradiso 56/57, www.pasticceriadebellis.com, Tel. 066861480, tgl. 9.00–19.00 Uhr, Preis Frühstück 7 €, Bus 40, 46, 62, 64, 70, 81, 87, 492, 628, 916, C3 C.so Vittorio Emanuele (Argentina)

⑪ *Zucchero, Uova, Mascarpone*: die Hauptzutaten für Tiramisu. Bei **ZUM** gibt es aber auch Eis und Gebäck zu kaufen. Vom Laden aus blickt man in die Küche, wo das Herz des Geschäfts schlägt. Das Tiramisu von ZUM ist keine ganz so große Kalorienbombe, wie man es von diesem Dessert gewohnt ist, aber eine Extrarunde über den Campo de Fiori kann nicht schaden.

Piazza del Teatro di Pompeo 20, www.zumroma.it, Tel. 0668307836, Mo–Do & So 11.00–23.00, Fr–Sa 11.00–1.00 Uhr, Preis Tiramisu 4,50 €, Bus 40, 46, 62, 64, 70, 81, 87, 492, 628, 916, C3 C.so Vittorio Emanuele (Argentina)

⑬ Wer keine Sekunde zu verlieren hat, holt zum Mittagessen *on the go* ein Stück römische Pizza oder *pizza bianca* bei **Forno Campo de Fiori.** Dass man dort immer Schlange stehen muss, bedeutet in diesem Fall, dass der Laden sehr gut ist.

Piazza Campo de' Fiori 22, www.fornocampodefiori.com, Tel. 0668806662, Mo–Sa 7.30–14.30 & 16.45–19.30 Uhr, Preis Stück Pizza 3 €, Bus 46, 62, 64, 916, 916F C.so Vittorio Manuele/Navona 46, 62, 64, 916, 916F

⑯ **Barnum** ist so eine Kneipe, in der immer gerade genug los ist. Anwohner kommen auf einen schnellen Kaffee, andere sitzen auf dem Sofa gegenüber der Theke oder hinten am großen Tisch und arbeiten. Gegen Mittag klappt man die Laptops zu und es wird voll – kein Wunder, denn das Mittagessen schmeckt hier fantastisch. Wenn dein Glückstag ist, ergatterst du sogar einen Tisch draußen.

Via del Pellegrino 87, www.barnumroma.com, Tel. 0664760483, Mo–Do 8.30–16.00 & 18.00–0.00 Uhr, Fr–Sa 8.30–16.00 & 18.00–1.00 Uhr, Preis 15 €, Bus 40, 46, 62, 64, 190F, 916, n46, n98, n904 Chiesa Nuova

⑰ *Supplì* als die römische Version von Frikadellen zu bezeichnen, trifft es nicht ganz, aber es geht in diese Richtung. Eigentlich darf man Rom nicht verlassen, ohne *supplì* probiert zu haben. Die Risotto-/Ragout-/Büffelmozzarella-Füllung der Risottobällchen von **Supplizio** wird nach eigener Rezeptur hergestellt.

Via dei Banchi Vecchi 143, www.supplizioroma.it, Tel. 0689871920, Mo–Sa 11.30–16.00 & 16.30–21.30 Uhr, Preis Supplì 3 €, Bus 40, 46, 62, 64, 190F, 916, n46, n98, n904 Chiesa Nuova

⑱ Rom besitzt eigentlich keine typische Kneipenkultur mit gemütlichen Lokalen, in denen man sich stundenlang aufhält, aber in der Weinbar **Il Goccetto** herrscht

so eine Atmosphäre. An der Einrichtung wurde so lange nichts mehr verändert, dass sie schon wieder schön geworden ist. Il Goccetto liegt an der hübschen Via dei Banchi Vecchi, die Wände verbergen sich hinter Reihen von Weinflaschen und die Karte ist absurd ausführlich. Tipp: Wähle einen der Weine von der Kreidetafel. Richtig essen kann man hier nicht, aber ein paar Häppchen zum Wein bestellen.

Via dei Banchi Vecchi 14, fb ilgoccetto, Tel. 0699448583, Mo 18.30–0.00, Di–Sa 11.30–14.30 & 18.30–0.00 Uhr, Preis Glas Wein 5 €, Bus 40, 46, 62, 64, 190F, 916, n46, n98, n904 Chiesa Nuova

(20) Die besonderen Geschmacksrichtungen, aus denen man in der **Gelateria del Teatro** wählen kann, richten sich nach den Jahreszeiten: Sie folgen dem Kreislauf der Natur. Alle Zutaten sind biologisch und handwerklich verarbeitet: Zitronen aus Amalfi, Pistazien aus Sizilien, Schokolade aus Peru. Das ganze Jahr über erhältlich ist einzig das Erdbeereis, denn der Besitzer brachte es nicht mehr übers Herz, die Kinder aus der benachbarten Grundschule enttäuschen zu müssen.

Via dei Coronari 65, www.gelateriadelteatro.it, Tel. 0645474880, tgl. 11.00–23.00 Uhr, Preis kleines Eis 2,50 €, Bus 40, 46, 62, 64, 190F, 916, n46, n98, n904 Chiesa Nuova

17
Supplizio
CIBO DI STRADA

20
ELATERIA DEL TEATR

7

17

(22) Die Viertelbewohner setzen sich für ihre tägliche Dosis *caffè* nicht auf die (zu) teuren Terrassen an der Piazza Navona, sie gehen ins **Emporio alla Pace**. Wenn du es schaffst, dir eins der Tischchen draußen unter den Nagel zu reißen, kannst du dich glücklich schätzen. Ansonsten bestellst du einen Kaffee durch das Fenster an der Seite und trinkst ihn an der Außentheke.

Via della Pace 28, www.lemporioallapace.com, Tel. 0668802938, Mo & Mi 6.00–22.00, Di 6.00–12.00, Do–So 6.00–2.00 Uhr, Preis Kaffee 1 €, Bus 30, 70, 81, 87, 492, 628, C3, n70, n201, n913 Zanardelli

(29) Wenn die Römer zur Piazza Navona gehen, gehen sie zu **Camillo dal 1890**. Das Lokal wurde vom Urgroßvater der jüngsten Generation eröffnet, die aus Camillo eine schöne, bezahlbare Bar machte. Die Speisekarte erhielt eine zeitgemäße Note und auch das Interieur wurde umgemodelt – hoffentlich magst du Rosa. Hier gibt es keine Kellner, die dich mit Touristenmenüs hineinkomplimentieren, einfach an der Bar ein Getränk holen, gemütlich hinsetzen und genießen.

Piazza Navona 79–81, www.camillopiazzanavona.it, Tel. 0656558161, tgl. 11.00–2.00 Uhr, Preis Aperol Spritz 6 €, Pasta 9 €, Bus 30, 70, 81, 87, 492, 628, n70, n913 Senato

(34) Sobald der Markt schließt, öffnet bei der **Osteria delle Coppelle** die Terrasse und füllt sich im Handumdrehen. Wenn du ein Tischchen ergattert hast, willst du nicht mehr weg: Die Piazza delle Coppelle ist eins der charmantesten Plätzchen von Rom. Bestelle zuerst eine *caponatina di verdure* und *patate cacio e pepe*, erfreu dich an deinem Getränk und der Umgebung und schau dann, was du als Hauptgericht essen willst. Drinnen sitzt man auch schön.

Piazza delle Coppelle 54, osteriadellecoppelle.com, Tel. 0645502826, tgl. 12.30–2.00 Uhr, Preis 18 €, Bus 100 Prefetti

(35) Gutes braucht wenig Deko, das gilt auch fürs **Maccheroni**: weiße Tischdecken, schlichte Caféstühle, unverputzte Wände, Klassiker auf der Speisekarte. Auch bei den römischen Pastaklassikern ist Schlichtheit eine wichtige Zutat: *cacio e pepe* (mit Pecorino und schwarzem Pfeffer), *carbonara* (da gehört echt keine Sahne rein), *alla griccia* oder *amatriciana*.

Piazza delle Coppelle 44, www.ristorantemaccheroni.com, Tel. 0668307895, tgl. 12.30–15.00 & 19.00–23.30 Uhr, Preis 12 €, Bus 100 Prefetti

SHOPPEN

(8) *Be Curious*: Experimentieren ist angesagt, mit ausgefallenen Drucken und vielen Farben. **Be C**. verkauft Jacken, Kleidung, Accessoires und Dessous, aber nichts hier ist 0815.

Piazza Benedetto Cairoli 11, becstore.com, Tel. 0668806035, Mo–Sa 10.00–19.30 Uhr, So 10.00–19.00 Uhr, Tram 8 Arenula/Cairoli

(9) **104 Pandemonium** bietet auf zwei Etagen Bekleidung von italienischen und internationalen Herstellern für Männer und Frauen. Im Stil rangiert sie zwischen *casual* für tagsüber bis zu ein bisschen *fancy* für die langen römischen Abende.

Via dei Giubbonari 104, www.104pandemonium.it, Tel. 066868061, tgl. 10.00–20.00 Uhr, Tram 8 Arenula/Cairoli

(15) Zu **Officine ReD** gehst du nicht wegen einer x-beliebigen *fast fashion* Belanglosigkeit. Hier werden nur schöne, schlichte, aber besondere und qualitativ hochwertige Kleidung, Schuhe und Accessoires für Männer und Frauen verkauft. Du findest ansprechende italienische Marken wie Aspesi, Palto und OA non fashion.

Via del Pellegrino 79, www.officinered.com, Tel. 0668392123, Mo & Mi–So 10.00–20.00, Di 10.30–20.00 Uhr, Bus 40, 46, 62, 64, 190F, 916, n46, n98, n904 Chiesa Nuova

(19) Die Damen und Herren aus Rom sehen gern gut aus. Deshalb kann es passieren, dass du dich mit deinen Sportschuhen und dem Rucksack ein wenig underdressed fühlst. Ein Besuch bei **Marta Ray** löst dieses Problem in Nullkommanichts. Elegante Straßenschuhe, schöne Sandalen, schicke Taschen, und all das in vielen verschiedenen Farben – die Chance ist groß, hier fündig zu werden.

Via dei Coronari 121 e 122, www.martaray.it, Tel. 0668802641, Di–Fr 12.00–18.00, Sa–So 11.00–19.00 Uhr, Bus 280 Lgt Tor di Nona/Rondinella

(23) Bei **Libera+soon** kannst du dich ruhig schon lassen. Hier gibt's keine stressige Qual der Wahl vor lauter Überfluss, die Betreiber dieser Bar/Shop/Galerie sind versiert in der Kunst des Weglassens. Dabei haben sie einen ungeheuer guten Geschmack: Alles ist ansprechend, schön, ausgefallen oder lecker.

Via del Teatro Pace 41, insta @liberasoon, Tel. 0668803363, Mo–Di 9.00–21.00, Mi–So 9.00–23.00 Uhr, Bus 30, 70, 81, 87, 492, 628, n70, n913 Senato

32

35
TOM FORD
CAPRI

15

15

25
80
Otherwise
OTHERWISE

8

24 Bei **Omero e Cecillia** hat man das Gefühl, in einen Tunnel voller Kleidung einzutauchen. Es ist einer der bekanntesten Vintage-Läden in der Stadt und führt ein umfassendes Sortiment an Ledertaschen, Burberry-Jacken, Blumenshirts, Jacken, Kleidern und Schuhen. Versuch ruhig, hier mit leeren Händen rauszugehen.

Via del Governo Vecchio 110, www.roman-ce.com/2017/03/omero-e-cecilia, Tel. 066833506, Mo–Sa 10.00–20.00, So 14.00–20.00 Uhr, Bus 40, 46, 62, 64, 190F, 916, 916F, n46, n98, n905 Chiesa Nuova

25 **Otherwise** ist einer der besten, sympathischsten Buchläden von Rom. Das Geschäft direkt hinter der Piazza Navona ist klein, hat aber eine tolle Rom-Abteilung mit einer schönen Auswahl an Büchern für diejenigen, die mehr über die ewige Stadt im Wandel der Zeiten und zu allen möglichen Rom-Themen lesen möchten.

Via del Governo Vecchio 82, fb otherwisebookshop, Tel. 066879825, Mo–Fr & So 10.00–19.00, Sa 9.30–20.30 Uhr, Bus 46, 62, 64, 916, 916F, n46, n98, n904 C.so Vittorio Emanuele/Navona

(32) Römische Wahrzeichen auf Schmuck, das klingt, als könne es richtig ins Auge gehen. Aber hier funktioniert es: Die Designer von **Co.Ro** fertigen Schmuckstücke, die ausgefallen und auffällig sind und trotzdem nicht aufdringlich. Die Hinweise auf Kolosseum, San Carlo oder den Gazometro sind nie zu wörtlich zu nehmen, du erkennst die Ähnlichkeit nur, wenn du weißt, was es sein soll.
Via della Scrofa 52, www.corojewels.com, Tel. 0648930454, Mo–Sa 10.30–19.30, So 14.30–19.30 Uhr, Bus 30, 70, 81, 87, 492, 628, n70, n913 Senato

(33) Bei **Booktique** findest du außer besonderen Büchern auch schöne Notizbücher, Wasserflaschen, Einkaufstaschen, Stifte, Brillen, geschmackvolle Accessoires und andere entzückende Sachen. Der eigentliche Grund, weshalb du hineingehen solltest, sind aber die Souvenirs in Form von Magneten, Bechern und Stofftaschen mit typisch römischen Ausdrücken drauf, wie *Ahó, Eccallà* oder *Se lallero.* Willst du wissen, was sie bedeuten? Das steht dran. *Mai 'na gioia* ...
Via della Stelletta 17, www.booktique.info, Tel. 0688978778, tgl. 11.00–19.00 Uhr, Bus 30, 70, 81, 87, 492, 628, n70, n913 Senato

FREIZEITTIPPS

(3) Papst Julius II., unter dem Michelangelo das Gewölbe der Sixtinischen Kapelle bemalte, Raffael die Stanze mit Fresken versah, und der den Petersdom erbauen ließ, beschäftigte sich außer mit Kunst und Kriegshandwerk auch mit Städtebau. Der ständig wachsende Pilgerstrom erforderte eine bessere Verbindung zur neuen Basilika. Diese Aufgabe erfüllte dann die **Via Giulia**, die repräsentative Renaissance-Straße, entworfen vom Architekten Donato Bramante.
Via Giulia, Bus 46, 62, 64, 916, 916F, n46, n98, n904 C.so Vittorio Emanuele/Tassoni

(12) Auf dem **Campo de' Fiori** ist immer was los. Schlendere am Tag über den Markt, einen der ältesten der Stadt, oder lass dich gegen Abend auf einer der Terrassen zum *aperitivo* nieder. Das eindrucksvolle Standbild von Giordano Bruno, dem Philosophen und Kosmologen, der hier auf dem Campo im Jahr 1600 wegen Ketzerei zum Tod verurteilt wurde, wacht stetig über den Platz.
Piazza Campo de' Fiori, Bus 46, 62, 64, 916, 916F, n46, n98, n904 C.so Vittorio Emanuele/Navona

ROUTE 2

VATICANO, BORGO & PRATI

INFOS ZUR ROUTE

Was die Fläche angeht, ist die Vatikanstadt bescheiden, bezüglich Kunst und Architektur jedoch überwältigend. In den Musei Vaticani läufst du kilometerweit, ohne es zu merken. Der imposante Petersdom ist die größte Kirche der Welt, Bernini entwarf für das Gotteshaus einen entsprechend eindrucksvollen Platz. Im nahegelegenen Viertel Prati kannst du dich wunderbar von soviel geballter Kultur erholen und gemütlich herumspazieren, einkaufen und Wein trinken.

DIE VIERTEL

Vaticano, die Vatikanstadt, ist ein Städtetrip für sich. Darum solltest du dich auf den Besuch der **Musei Vaticani** ein wenig vorbereiten: Wenn du nicht weißt, was genau du unbedingt sehen möchtest, erschlägt dich der Besuch. Zwei der Höhepunkte in den Musei Vaticani lassen sich gleichzeitig abhaken: Während Raffael mit einem ganzen Haufen von Assistenten die päpstlichen Gemächer von Julius II. mit Fresken bemalte, arbeitete Michelangelo – mutterseelenallein, denn er vertraute niemandem und hatte seine Assistenten entlassen – in der **Sixtinischen Kapelle** (Cappella Sistina) an seinem meisterhaften Deckengemälde.

Nach dem Besuch der Musei Vaticani möchtest du dich bestimmt eine Weile hinsetzen: Tu das am besten auf der nahegelegenen Piazza del Risorgimento, und tanke neue Energie für deinen Besuch im **Petersdom**, der Basilica di San Pietro. Ab dem Moment, wo du den Platz betrittst, kommst du aus dem Staunen gar nicht mehr raus, und sei es auch nur wegen der Ausmaße des Ganzen.

Die Via della Conciliazione wurde von Mussolini zur Feier der Lateranverträge gebaut, des Vertragswerks, in dem sich Italien und die Vatikanstadt auf den heutigen Status quo einigten. Links von der Via della Conciliazione gelangst du in den mittelalterlichen *rione* **Borgo**, eine andere Welt.

Beschließe den Tag, gesättigt von Kunst und Kultur, in **Prati**. Das Gebiet, auf dem Prati („Felder") liegt, bestand bis weit ins 19. Jahrhundert hinein aus Weingärten, Wiesen und Bauernhöfen. Das Viertel wurde als Wohngebiet für Reiche erbaut. Da die Atmosphäre zwischen Italien und dem Vatikan damals angespannt war, wurden die Straßen so angelegt, dass die **Kuppel** (*cupola*) des **Petersdoms** praktisch nicht zu sehen ist. Heute kommen die Leute hierher um einzukaufen, zu essen und zu trinken und eine gute Zeit zu haben.

WENIG ZEIT? DAS SIND DIE HIGHLIGHTS:
STANZE DI RAFFAELLO + SIXTINISCHE KAPELLE + BERNINIS KOLONNADE AUF DEM PETERSPLATZ + PETERSDOM + KUPPEL

TIPPS

// Die Musei Vaticani sind gigantisch – sei vorbereitet // Steig in die Kuppel des Petersdoms // Römer shoppen gern in der Via Cola di Rienzo

VATICANO, BORGO & PRATI

1. Sciascia Caffè 1919
2. Fratelli de Luca
3. Musei Vaticani
4. Cortile della Pigna
5. Galleria degli Arazzi
6. Galleria delle Carte Geografiche
7. Stanze di Raffaello
8. Sixtinische Kapelle
9. Scala del Bramante
10. Giardini Vaticani
11. 200°
12. Pergamino Caffè
13. Petersplatz
14. Petersdom
15. Kuppel des Petersdoms
16. Borgosteria
17. Terrazza les Etoiles
18. Emerald's Bar
19. La Zanzara
20. Via Cola di Rienzo
21. Peroni
22. Castroni
23. Coin Excelsior
24. Gelateria dei Gracchi
25. Via Alessandro Farnese
26. Bialetti Home
27. Camillo B.
28. Piazza Cavour
29. Palazzo di Giustizia
30. Bibliobar
31. Castel Sant'Angelo
32. Ponte Sant'Angelo

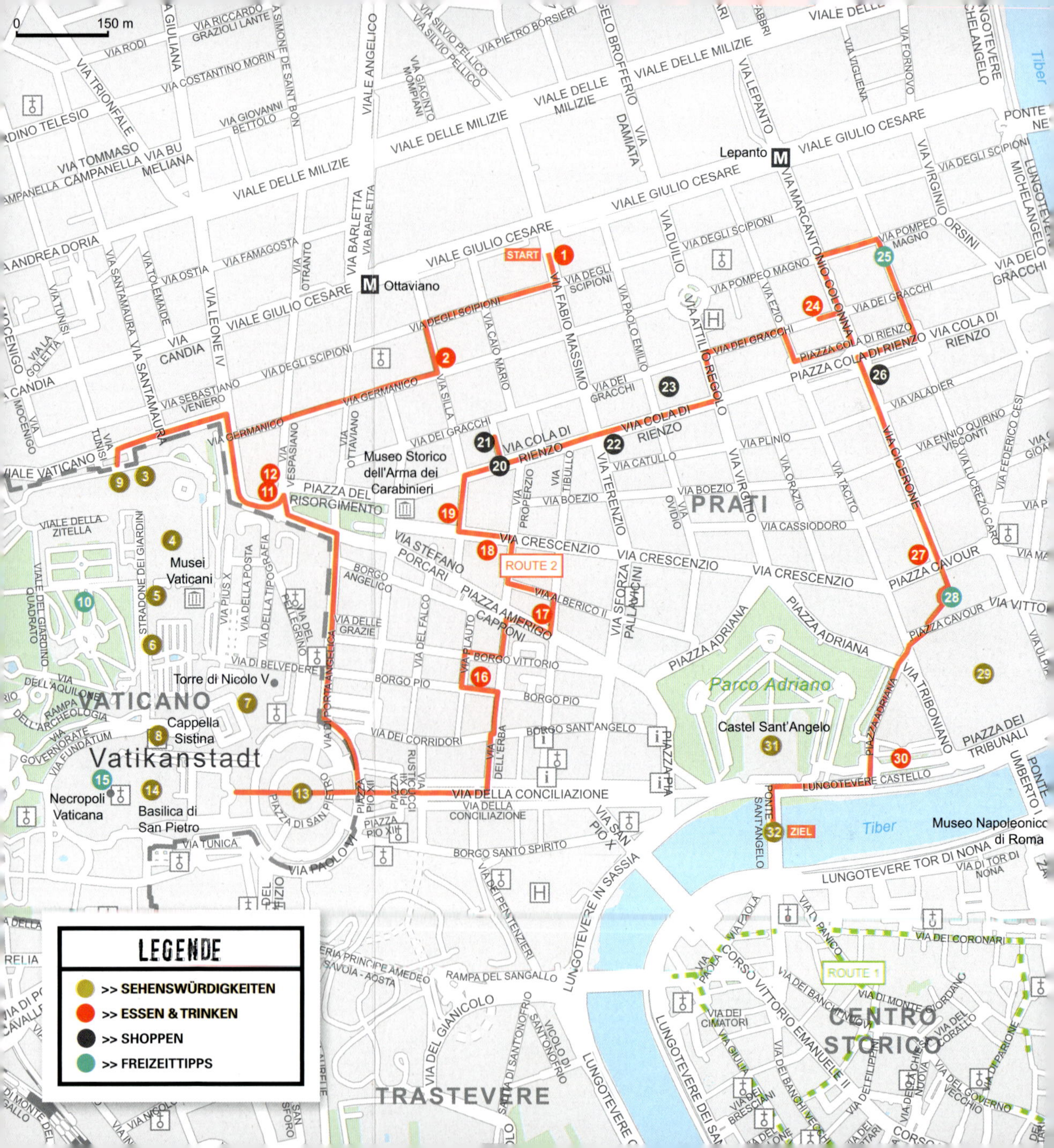

0 150 m
LEGENDE
>> SEHENSWÜRDIGKEITEN
>> ESSEN & TRINKEN
>> SHOPPEN
>> FREIZEITTIPPS
START
ZIEL
ROUTE 2
ROUTE 1
Lepanto
Ottaviano
Museo Storico dell'Arma dei Carabinieri
PRATI
VATICANO
Vatikanstadt
Musei Vaticani
Torre di Nicolo V
Cappella Sistina
Necropoli Vaticana
Basilica di San Pietro
Parco Adriano
Castel Sant'Angelo
Museo Napoleonico di Roma
Tiber
CENTRO STORICO
TRASTEVERE
VIALE GIULIO CESARE
VIALE DELLE MILIZIE
VIA COLA DI RIENZO
VIA CRESCENZIO
VIA GERMANICO
VIA DEGLI SCIPIONI
VIA DEI GRACCHI
VIA POMPEO MAGNO
VIA MARCANTONIO COLONNA
VIA CICERONE
PIAZZA CAVOUR
PIAZZA COLA DI RIENZO
PIAZZA DEL RISORGIMENTO
VIA DELLA CONCILIAZIONE
BORGO PIO
BORGO VITTORIO
BORGO SANT'ANGELO
BORGO SANTO SPIRITO
PIAZZA ADRIANA
LUNGOTEVERE CASTELLO
LUNGOTEVERE TOR DI NONA
LUNGOTEVERE IN SASSIA
PONTE SANT'ANGELO
CORSO VITTORIO EMANUELE II
VIA DEI CORONARI
VIA FABIO MASSIMO
VIA ATTILIO REGOLO
PIAZZA AMERIGO CAPPONI
VIA ALBERICO II
VIA DI PORTA ANGELICA
VIA DEI CORRIDORI
PIAZZA PIO XII
VIA PAOLO VI
PIAZZA DI SAN PIETRO
VIALE VATICANO
VIA LEONE IV
VIA CANDIA
VIA ANDREA DORIA
VIA TRIONFALE

BESCHREIBUNG ROUTE 2 (ca. 5,8 km)

Beginne mit einem Kaffee oder einem Vitamin-Shot 1 2 und geh dann rechts die Via Germanico hoch, wo du bald die Mauern des Vatikans siehst. Biete den Musei Vaticani und der unglaublich großen, schönen, üppigen Sammlung die Stirn 3. Schau dir auf jeden Fall Bramantes Cortille della Pigna an 4, erlebe den Mona-Lisa-Effekt in der Galleria deglia Arrazi 5, bestaune die Karten in der Galleria della Carte Geografiche 6, traue deinen Augen nicht in den Stanze di Raffaelo 7 und staune in der Sixtinischen Kapelle 8. Verlass das Museum via Scala del Bramante 9 oder lass dich durch die Vatikanischen Gärten führen 10. Ein Stückchen zurück biege rechts ab und folge der Linkskurve, um dich zu erholen 11 12. Kehr um, geh links und dann rechts die Via di Porta Angelica entlang und lass dich vom Petersplatz überwältigen 13. Bewundere Michelangelos *Pieta* 14 und steige in die Kuppel 15. Lauf ein Stück die Via della Conciliazione entlang, biege dann links in die Via dell'Erba ein und wieder links zum Borgo Pio zur besten Osteria im Borgo 16. Geh anschließend rechts in die Via Plauto, wieder rechts und dann links in die Via degli Ombreillari. Mach einen Bogen nach rechts, überquere die Via Giovanni Vitelleschi und betritt die Via dei Bastioni für eine tolle Aussicht 17. Biege links, rechts und wieder links ab und stell dich in die Schlange für ein Getränk 18. Schräg gegenüber sitzen die Locals aus Prati 19. Folge der Straße bis zum Ende und biege dann rechts ab, um mit ihnen in der Via Cola di Rienzo auf Shoppingtour zu gehen 20. In der Seitenstraße links bekommst du Küchenutensilien 21. Geh weiter geradeaus und kauf ein, was das Zeug hält 22 23. Nimm links die Via Attilio Regolo, rechts die Via dei Gracchi, rechts die Via Ezio, links die Via Cola di Rienzo und links die Via Marcantonio Colonna. Genieße links in der Via dei Gracchi das leckerste Eis von Prati 24. Weiter geht's über die Via Marcantonio Colonna und rechts in die Via Pompeo Magno. Geh wieder rechts und bewundere den italienischen Liberty-Stil 25. Bieg rechts in die Via Cola di Rienzo ein und sichere dir den besten Kaffee als Mitbringsel für daheim 26. Nimm links die Via Cicerone bis zur Piazza Cavour. Iss etwas bei Camillo B. 27 und gönn dir ein Päuschen unter den Palmen 28 29. Geh rechts am Palazzo di Giustitia vorbei, wo die Terrasse der Bibliobar 30 dich schon erwartet. Bei der fabelhaften Aussicht auf das Castel Sant'Angelo 31 ist es nicht leicht, dort den Absprung zu kriegen. Der Spaziergang endet am Ponte Sant'Angelo 32, der die Engelsburg mit dem Centro Storico verbindet.

SEHENSWÜRDIGKEITEN

③ Alles begann mit der Privatsammlung von Papst Julius II., dem Renaissance-Papst, der Rom wieder zu einem Zentrum der Kunst machen wollte. Ein Papst nach dem anderen erweiterte die Sammlung und ließ neue Galerien bauen, um all der Kunst ein Zuhause zu geben: Die **Musei Vaticani** (Vatikanische Museen) sind der größte, reichste und beeindruckendste Museumskomplex der Welt. Er umfasst über 1.400 Räume voller Gemälde, griechischer und römischer Statuen sowie ägyptischer und etruskischer Kunstwerke. Höhepunkt (im wahrsten Sinn des Wortes) ist das Deckengewölbe der Sixtinischen Kapelle von Michelangelo.
Viale Vaticano, www.museivaticani.va, Tel. 0669883332, Mo–Sa 8.30–18.30 (Einlass bis 16.30 Uhr), letzter So im Monat 9.00–14.00 Uhr, Eintritt 17,50 € + Reservierungskosten (obligatorisch), letzter So im Monat bis 12.30 Uhr frei, Metro A Ottaviano, Tram 19 Risorgimento/S. Pietro

④ Der riesige Pinienzapfen im **Cortile della Pigna** datiert aus dem ersten Jahrhundert vor Christus und wurde auf dem Campo Marzio gefunden, unweit des Pantheon. Er stammt aus den Agrippa-Thermen und war ursprünglich ein Brunnen. Die Pfauen sind Nachbildungen antiker Statuen, die am Hadrians-Mausoleum standen. Entworfen wurde dieser *cortile* von Bramante. Deine pinienzapfenförmige Zirbeldrüse wird übrigens auch dein drittes Auge genannt; durch diese Körperstelle soll alle Erleuchtung einfließen.
Teil der Musei Vaticani, siehe Nr. 3

⑤ Die Decke der **Galleria degli Arazzi** ist bemalt, doch was an den Wänden hängt, ist gewoben. Die speziellen Teppiche auf der linken Seite hat Raffael für die Sixtinische Kapelle entworfen. Die Teppiche wurden in Brüssel angefertigt. Achte vor allem auf *Auferstehung Christi*: Wo du auch stehst, Jesus schaut dich an.
Teil der Musei Vaticani, siehe Nr. 3

⑥ In der **Galleria delle Carte Geografiche** kannst du die weltgrößte Sammlung geografischer Gemälde bewundern. Die Karten wurden im 16. Jahrhundert von dem Mönch Ignazio Danti angefertigt. Für die damalige Zeit sind die Karten unglaublich akkurat. Es ist nicht zu fassen, wie Danti das geschafft hat.
Teil der Musei Vaticani, siehe Nr. 3

14
World famous
PIS·APOST PAVLVS·V·BVRGHESIVS·ROMANVS PONT·MAX·AN·MDCX

32

6

⑦ Papst Julius II. empfand es als Zumutung, in den Räumlichkeiten seiner Vorgänger wohnen zu müssen. Er ließ neue Gemächer vorbereiten, und dem jungen, aber sehr talentierten Maler Raffael aus Urbino, damals gerade 25 Jahre jung, wurde die Ehre zuteil, sie mit einem komplizierten Freskenzyklus zu versehen (dessen Themen standen überwiegend bereits fest). Ein schwieriger Auftrag, aber ein großer Erfolg – die miteinander verbundenen Räume sind als die **Stanze di Raffaello** in die Geschichte eingegangen. Das bekannteste Zimmer ist die *stanza della segnatura* mit *Die Schule von Athen*. Raffael stellt hier den ultimativen Renaissance-Traum dar: Philosophen und Wissenschaftler der Antike in Gestalt zeitgenössischer Künstler, rhythmisch gruppiert vor klassischem Hintergrund. Raffael selbst ist auch zu sehen: rechts, mit der schwarzen Baskenmütze.
Teil der Musei Vaticani, siehe Nr. 3

⑧ Die **Sixtinische Kapelle** (Cappella Sistina) ist die Privatkapelle des Papstes, und in die Mitte der Decke malte Michelangelo *al fresco* das, was eines der berühmtesten Gemälde der Kunstgeschichte werden sollte: *Die Erschaffung Adams*. Gott, mit Eva unter dem Arm und der ersten Generation erschaffener Menschen hinter sich, schwebt in etwas, was für viele Historiker und Mediziner verdächtig nach dem menschlichen Gehirn aussieht. Michelangelo schuf die Decke in zwei Etappen, er begann hinten. Als die Leinwände unter dem Gerüst – er wollte keine naseweisen Zuschauer und soll sogar den Papst einmal mit Farbpinseln und anderem Material verscheucht haben – entfernt wurden und er die Szenen sah, beschloss er, dass die anderen Abbildungen etwas größer werden mussten. Später kehrte er für *Das letzte Gericht* zurück zu der Wand hinter dem Altar.
Teil der Musei Vaticani, siehe Nr. 3

⑨ Die Treppe aus dem Jahr 1932, über die du die Musei Vaticani verlässt, verdankt ihren Namen **Scala del Bramante** ihrer Ähnlichkeit mit einer Treppe, die Bramante entworfen hatte. Eigentlich heißt die Treppe, über die du jetzt gehst, Scala Momo. Der Architekt Giuseppe Momo entwarf seine Treppe nach dem Vorbild der eigentlichen Scala del Bramante, einer runden Treppe in einen quadratischen Turm, Ausdruck von Bramantes Renaissance-Vorliebe für Geometrie und perfekte Proportionen. Jene Treppe von 1505 besteht aus einer doppelten Spirale mit einem Gang zum Hinauf- und dem anderen zum Hinuntergehen.
Teil der Musei Vaticani, siehe Nr. 3

(13) Berninis Kolonnade auf dem **Petersplatz** (Piazza San Pietro) ist ein Meisterwerk. Er arbeitete daran von 1655 bis 1667 und schafft es bis heute, die Menschen damit in Erstaunen zu versetzen. Insgesamt stehen hier 284 Säulen, verteilt über vier Reihen. Suche nach den runden Steinen, die zwischen dem Obelisken und den Brunnen liegen: Wenn du dich darauf stellst, siehst du die vier Reihen zu einer einzigen verschmelzen. Der Obelisk in der Mitte des Platzes wurde 36 n. Chr. von Ägypten nach Rom gebracht. Jeden Mittwochvormittag hält der Papst seine wöchentliche Audienz auf dem Platz ab, Karten sind kostenlos bis einen Tag vorher am Bronzetor im rechten Säulengang erhältlich.
Piazza San Pietro, Metro A Ottaviano, Tram 19 Risorgimento/S. Pietro

(14) Die Kirche, die hier steht, ist nicht die erste Basilica di San Pietro. Die wurde wahrscheinlich ungefähr im Jahr 400 auf dem Grab von Petrus erbaut. 1506 beschloss Papst Julius II., dass eine neue Basilika her musste. Nur das Beste und Größte war gut genug, deshalb wurde der **Petersdom** die größte Kirche der Welt. Der Bau der heutigen Basilika begann unter Leitung von Bramante, dauerte aber 120 Jahre. Nach seinem Tod reichten unter anderem Raffael, Michelangelo – er entwarf die prächtige Kuppel – und Bernini den Stab untereinander weiter. Viele halten die *Pietà* für das schönste Gemälde in der Kirche. Michelangelo schuf es, als er erst 24 war. Es stand schon in der alten Basilica di San Pietro und wurde in den „Neubau" mitgenommen.
Piazza San Pietro, www.vatican.va, tgl. Apr.–Sept. 7.00–19.00, Okt.–März 7.00–18.30 Uhr, Eintritt frei, Metro A Ottaviano, Tram 19 Risorgimento/S. Pietro

(29) Die Römer mögen diese Bonbondose nicht, ihnen ist der **Palazzo di Giustizia** in jeder Hinsicht zu viel. Zu groß, zu voll, die Verzierungen zu mächtig, zu überwältigend, zu aufdringlich. Der Palast ist in der Tat enorm. Von der Via Giuseppe Zanardelli am anderen Tiberufer aus gesehen scheint der Fluss nicht dazwischen zu verlaufen, sondern der Palast direkt am Ende der Straße zu stehen. Das Gebäude erhielt daher den Spitznamen *palazzaccio*, „der hässliche Palast".
Lungotevere Prati/Piazza Cavour 1, nicht für den Publikumsverkehr geöffnet, Metro A Lepanto

(31) Das **Castel Sant'Angelo**, die Engelsburg, wurde als Mausoleum für Kaiser Hadrian (130 n. Chr.) erbaut und blieb lange eine kaiserliche Begräbnisstätte.

Wegen ihrer strategisch günstigen Lage wurde die Burg Teil der Aurelianischen Mauer. Später diente sie als Festung und Gefängnis. Ihren heutigen Namen erhielt sie Ende des sechsten Jahrhunderts, als dem Papst Gregor I. während einer Pest-Prozession über der Burg der Erzengel Michael erschien und ihm ein Zeichen gab: Der Engel steckte sein Schwert zurück in die Scheide. Um 1500 begann Papst Alexander VI. (aus der Familie Borgia) die Burg zu restaurieren und machte sie zum päpstlichen Sommerpalast.

Lungotevere Castello 50, www.castelsantangelo.com, Tel. 066819111, Di–So 9.00–19.30 Uhr, Eintritt 14 €, Metro A Lepanto, Tram 19 Risorgimento/S. Pietro

(32) Der **Ponte Sant'Angelo** ist eine der schönsten Brücken über den Tiber, und das ist den Engeln von Bernini zu verdanken. Sie tragen die Leidenswerkzeuge aus der Passionsgeschichte Christi, von der Säule, an der er gegeißelt wurde, bis zu den Nägeln, mit denen er ans Kreuz geschlagen wurde. Zwei der Engel fand der Papst zu schön, um sie im Freien stehen zu lassen; sie wurden in die Sant'Andrea delle Fratte gebracht und hier durch Kopien ersetzt.

Ponte Sant'Angelo, Metro A Ottaviano, Tram 19 Risorgimento/S. Pietro

17

24
gelateria

ESSEN & TRINKEN

① *Caffè* und ein *cornetto* in einer Bar, in der die Zeit stehengeblieben ist – seit 1919, denn so lange gibt es das **Sciascia Caffè 1919** hier schon. Eine Institution im Viertel und ideale Anlaufstelle vor deinem Besuch der Musei Vaticani.
Via Fabio Massimo 80a, www.sciasciacaffe1919.it, Tel. 063211580, tgl. 7.00–21.00 Uhr, Preis Kaffee 1 €, Metro A Lepanto oder Ottaviano, Tram 19 Milizie/Distretto Militare

② Eine Extradosis Vitamine ist kein unnötiger Luxus vor dem Besuch der Musei Vaticani, denn der hat es in sich. **Fratelli de Luca** ist ein heller Laden unweit des Vatikans. Die Auswahl an Säften und Salaten ist groß, der Kaffee biologisch.
Via Silla 38, www.fratellideluca.com, Tel. 0632609654, Mo–Fr 8.30–18.30 Uhr, Sa 9.00–18.00 Uhr, Preis Saft 3 €, Metro A Ottaviano, Tram 19 Ottaviano

⑪ Nach dem Besuch der Musei Vaticani brauchst du zum Mittagessen nicht weit zu laufen. Bei **200°** wird das Brot mit größter Sorgfalt zubereitet. Du kannst unter zahlreichen belegten Brötchen mit Namen wie Pietà und Colosseo wählen.
Piazza del Risorgimento 3, www.duecentogradi.it, Tel. 0639754239, Mo–Do & So 11.00–3.00, Fr–Sa 11.00–4.00 Uhr, Preis Sandwich 5 €, Metro A Ottaviano, Tram 19 Risorgimento/S. Pietro

⑫ Grüner Kaffee, Cold Brew, Filterkaffee oder ein klassischer Espresso: im **Pergamino Caffè** ist alles zu haben. Die auffallend gute Bar – in der Gegend gibt's auch zwielichtigere Kneipen – ist auch dann eine gute Wahl, wenn du nicht in den Vatikan gehst. Die Theke ist sympathisch und der Kaffee hausgeröstet.
Piazza del Risorgimento 7, fb pergaminocaffe, Tel. 0689533745, tgl. 8.00–20.00 Uhr, Preis Espresso 2,20 €, Metro A Ottaviano, Tram 19 Risorgimento/S. Pietro

⑯ Eine Osteria ist in der Regel ein Ort, wo man Wein trinkt und dazu eine einfache Mahlzeit verzehrt. **Borgosteria** ist nicht nur eine Osteria im Borgo, sondern eine geglückte, geschmackvoll eingerichtete zeitgenössische Version. Du isst hier köstliche Pasta oder Risotto, trinkst guten Wein und die *dolci* sind so lecker – gut, dass du dir gerade in den Musei Vaticani die Füße plattgelaufen hast.
Borgo Pio 161, insta @borgosteria161, Tel. 0664760245, tgl. 11.30–22.30 Uhr, Preis 16 €, Metro A Ottaviano, Tram 19 Risorgimento/S. Pietro

⑰ Hier musst du unbedingt auf der Dachterrasse sitzen. Die **Terrazza les Etoiles** ist altmodisch schick, ein bisschen drüber, aber definitiv mit Charme. Du kommst wegen der irrsinnig schönen Aussicht auf die Kuppel des Petersdoms hierher. Vielleicht erlebst du einen kleinen Schock, wenn die Rechnung kommt, aber dann schaust du noch mal schnell auf die Kuppel: Das ist es mehr als wert.
Via Giovanni Vitelleschi 34, www.atlantehotels.com/it/roof-garden-bar/bar.html, Tel. 06686386, tgl. 10.00–1.00 Uhr, Preis Glas Wein 12 €, Metro A Ottaviano, Tram 19 Risorgimento/S. Pietro

⑱ Eine ausgefallene Bar, wie ein Besuch bei einem kunstsammelnden Weltreisenden und Entdecker aus längst vergangenen Zeiten. In **Emerald's Bar** bist du vom *aperitivo* bis zum Absacker-Cocktail immer richtig. Emerald's serviert kleine Häppchen zum Teilen. Die *signature drinks* haben Namen wie Tokyo vs Kyoto, Roman Holidays und The New Amsterdam.
Via Crescenzio 91c, www.emeraldsbar.com, Tel. 0688654275, tgl. 19.00–2.00 Uhr, Preis Cocktail 12 €, Metro A Ottaviano, Tram 19 Risorgimento/S. Pietro

⑲ **La Zanzara** (die Mücke) ist ein hübsches Bistro im Stadtteil Prati. Die gutaussehenden Hipster und schicken Büromenschen aus der Nachbarschaft kommen gern hierher, vom Frühstück bis zum Abendessen ist es ein beliebter Treffpunkt. La Zanzara hat eine hübsche Terrasse (reservieren kann nicht schaden) und eine umfangreiche, abwechslungsreiche Speisekarte.
Via Crescenzio 84, www.lazanzararoma.com, Tel. 0668392227, Mo–Fr 7.30–2.00, Sa–So 8.00–2.00 Uhr, Preis Pasta 13 €, Metro A Ottaviano, Tram 19 Risorgimento/S. Pietro

㉔ **Gelateria dei Gracchi** ist eine dieser Eisdielen, die den inoffiziellen Titel „beste Eisdiele der Stadt" gewinnen könnte. Zurzeit gibt es mehrere Filialen, aber die erste befindet sich in der Via dei Gracchi. Das Lokal ist schlicht eingerichtet, doch die Aromen sind etwas Besonderes. Was hältst du von karamellisierten Erdnüssen mit Salz, Reis und Honig, Merengue und Pistazie, gebrannten Mandeln mit Orange oder einfach bloß Zitrone (natürlich mit Zitronen aus Amalfi)? Danach leckst du dir alle Finger ab!
Via dei Gracchi 272, www.gelateriadeigracchi.it, Tel. 063216668, tgl. 12.00–20.00 Uhr, Preis kleines Eis 2,50 €, Metro A Lepanto, Tram 19 Lepanto

30
* Aperitivo time!

19

26

20

(27) Camillo Benso, der erste Ministerpräsident Italiens, ist der Namensgeber dieses Lokals. Ein schönes, schlicht aber geschmackvoll eingerichtetes Lieblingslokal in Prati. Die Speisekarte des **Camillo B.** ist umfangreich, Bistro-Stil, aber die italienischen Klassiker fehlen nicht: Es gibt Pasta und Pizza und eine große Auswahl an Kaffee, Wein und Cocktails. Du kannst auch eine Lunchbox bestellen, toll für ein Picknick im Park Villa Borghese oder am Tiber.

Piazza Cavour 21, www.camillob.com, Tel. 3883747216, tgl. 8.00–1.00 Uhr, So Brunch 12.00–15.30 Uhr, Preis 13 €, Sonntagsbrunch 20 €, Metro A Lepanto

(30) Abseits der Menschenmassen, mit Ausblick auf den imposanten Ponte Sant' Angelo einerseits und den gigantischen Palazzo di Giustizia andererseits ... Die Terrasse der **Bibliobar** ist ein besonders nettes Plätzchen, um sich kurz auf einen Kaffee, *spremuta* oder *spritz* hinzusetzen.

Lungotevere Castello, fb bibliobarroma, Tel. 3409419288, tgl. 7.30–23.59 Uhr. Preis Kaffee 1 €, Bier 2,50 €, Metro A Lepanto

SHOPPEN

(20) **Via Cola di Rienzo** ist eine angenehme, belebte Straße zum Bummeln, gut für eine schnelle Tasse Kaffee und zum Einkaufen. In dieser Geschäftsstraße gehen die Römer gern shoppen, das lässt sich hier im Allgemeinen auch besser erledigen als in der überfüllten Via del Corso. Hier findest du viele italienische Labels, zum Beispiel Intimissimi, Tezenis und Kiko.

Via Cola di Rienzo, Metro A Ottaviano, Tram 19 Risorgimento/S. Pietro

(21) Wenn du auch nach der Reise noch italienische Küche genießen möchtest, brauchst du die richtigen Utensilien. Bei **Peroni** findest du sie bestimmt, z. B eine gute Knoblauchpresse. Hobbykoche können sich in diesem Laden nicht sattsehen.

Piazza dell'Unità 29, www.peronisnc.it, Tel. 063210852, Mo–Sa 9.00–13.30 & 15.00–19.30 Uhr, Metro A Ottaviano, Tram 19 Risorgimento/S. Pietro

(22) **Castroni** residiert hier schon seit den 30er-Jahren, und im Lauf der Jahre hat sich der Laden ganz schön ausgedehnt, denn er ist beliebt. Rom machte in den 50er-Jahren hier erstmalig Bekanntschaft mit Sojasoße und Kokosmilch; also

eine echte Weltreise. Aber auch eine Zeitreise: das Ladenschild an der Fassade, die Einrichtung ... einkaufen wie zu Zeiten von *La Dolce Vita*.
Via Cola di Rienzo 196-198, www.castroni.it, Tel. 066874383, Mo–Sa 8.30–20.00, So 9.30–20.00 Uhr, Metro A Ottaviano, Tram 19 Risorgimento/S. Pietro

(23) Coin ist eine bekannte, ziemlich einfache Kette von etwas größeren Geschäften, in denen Römer Kleidung und Waren des täglichen Bedarfs kaufen. **Coin Excelsior** dagegen ist ein nobles Kaufhaus an der begehrtesten Einkaufsstraße mit vielen (italienischen) Markennamen, von Kosmetika und (Wohn-)Accessoires bis zu einer Riesenauswahl an Kleidung, so dass du garantiert etwas findest.
Via Cola di Rienzo 173, www.coinexcelsior.com, Tel. 0636004298, Mo & Sa–So 10.00–19.00, Di–Fr 10.00–20.00 Uhr, Metro A Lepanto, Tram 19 Risorgimento/S. Pietro

(26) Den besten Kaffee kochst du daheim definitiv in einem Espressokännchen, und das kriegst du im **Bialetti Home**. Es gibt sie hier in allen Sorten und Größen. Wer unterschiedliche Mengen Kaffee zubereiten will, braucht auch unterschiedlich große Kännchen, deshalb stehen in einem normalen italienischen Haushalt eine ganze Reihe Espressokännchen. Reserviere dafür etwas Platz im Koffer und du wirst dafür jeden Morgen dankbar sein, wenn du wieder zuhause bist.
Piazza Cola di Rienzo 82, www.bialetti.com, Tel. 0692081885, tgl. 10.00–20.00 Uhr, Metro A Lepanto, Tram 19 Lepanto

FREIZEITTIPPS

(10) Einen Besuch der **Giardini Vaticani** musst du zwei Tage vorher über die Website buchen. Die Vatikanischen Gärten nehmen etwa die Hälfte der Vatikanstadt ein, der geführte Rundgang dauert etwa zwei Stunden. Die Tour führt durch den englischen / romantischen Garten, den Überreste von Säulen und Skulpturen aus den Villen von Nero und Caligula zieren. Du bekommst den Helikopterlandeplatz des Papstes (sein Heli ist weiß), den Sendemasten von Radio Vaticana und eine Nachbildung der Grotte von Lourdes zu sehen.
Viale Vaticano (Eingang Musei Vaticani), www.museivaticani.va, Tel. 0669883145, geöffnet für Führungen (mit Reservierung) Mo–Di & Do–Sa, Eintritt 32 €, Metro A Ottaviano, Tram 19 Risorgimento/S. Pietro

PAPA FRANCESCO
Papa Francesco
Benedici la nostra casa
JOHN PAUL II - FRANCIS - JOHN XXIII
Se Dio non perdonasse tutto, il mondo non esisterebbe
Pensiamo che bello è essere santi, ma che bello è essere perdonati

10

25

28

(15) Die **Kuppel** des **Petersdoms** zu besteigen, ist ein Erlebnis, das schon an dem Stand beginnt, wo du deine Karte kaufst, direkt hinter der Basilika. Du kannst gleich losklettern oder den Aufzug bis zum ersten Aussichtspunkt auf 53 Metern nehmen. Auf dem Dach der Kirche wird dann noch einmal klar, wie groß sie ist: Es ist, als ob du auf einem nicht gerade bescheidenen Dorfplatz herumläufst. Anschließend steigst du auf einer Treppe in die Kuppel hoch zur Spitze, das ist etwas abenteuerlich, aber bei *der* Aussicht hast du die Klettertour sofort wieder vergessen.

Piazza San Pietro, www.vatican.va, Apr.–Sept. 8.00–18.00, Okt.–März 08.00–17.00 Uhr, Eintritt Aufzug & Treppe 10 €, Treppe 8 €, Metro A Ottaviano, Tram 19 Risorgimento/S. Pietro

(25) Spaziere (mit deinem Eis aus der Gelateria dei Gracchi) ein wenig über die **Via Alessandro Farnese**. Das Viertel Prati entstand im frühen 20. Jahrhundert und Europa war damals fasziniert vom Jugendstil: elegant, organisch und weltgewandt. Ein neuer Stil für die neue, moderne Welt, die entstanden war. In Italien hieß der Stil Liberty und in Prati kannst du ihn gut näher betrachten. Schau unbedingt auch nach oben, entlang der Dächer und unter den Dachtraufen befinden sich die schönsten Liberty-Details.

Via Alessandro Farnese, Metro A Lepanto, Tram 19 Lepanto

(28) Mitten auf der nach ihm benannten **Piazza Cavour** steht eine große Statue des ersten Ministerpräsidenten Italiens. Das Denkmal wurde 1895 von König Umberto I. enthüllt, zu Ehren des 25-jährigen Jubiläums der „Befreiung" Roms. Der geradlinig und streng angelegte Platz erscheint durch die Palmen, die dort stehen, etwas freundlicher, ein interessanter Kontrast zum megalomanen *Palazzaccio*, der sich ebenfalls hier befindet.

Piazza Cavour, Metro A Lepanto

ROUTE 3

COLOSSEO, FORI & MONTI

INFOS ZUR ROUTE

Dieser Spaziergang führt dich an zwei päpstlichen Basiliken vorbei, durch das spirituelle und Verwaltungszentrum der römischen Antike und am Campidoglio (Kapitolshügel) entlang – oder darüber –, einem der sieben Hügel und in der Renaissance das Zentrum der Macht. Anschließend gehst du zurück in der Zeit nach Monti, das in der Antike ein armer Vorort war und jetzt eins der beliebtesten Viertel ist, in das die Römer zum Einkaufen und Ausgehen kommen.

DIE VIERTEL

Hier findest du **San Giovanni in Laterano**, die römische Kathedrale, in die du, anders als in den Petersdom, oft ohne Schlangestehen einfach reinspazieren kannst. Das **Kolosseum** (Colosseo) wird ohnehin auf deiner Liste stehen, vom **Colle Oppio** aus hast du einen tollen Blick darauf.

Das **Forum Romanum** war das politische, wirtschaftliche und religiöse Herz der Republik Rom. Hier tagte der Senat, und Politiker hielten ihre Reden. Händler machten dort Geschäfte, Priester brachten Opfer dar, die Menschen kauften ein und besprachen die jüngsten Neuigkeiten. Julius Cäsar, Augustus, Vespasian, Nerva und Trajan ließen jeweils ein eigenes Forum bauen, mit Tempeln und allem Drum und Dran: die **Fori Imperiali**. Als die Macht des Römischen Reichs schwand, verfiel das Forum und übernahm im fünften Jahrhundert nach Christus eine neue Rolle. Bauern ließen dort ihr Vieh grasen, und so erhielt das Forum den Namen *Campo Vaccino* (Kuhweide). Die prächtigen Marmortempel wurden geplündert, im Mittelalter und in der Renaissance bedienten sich Bauarbeiter hier mit Material. Im 19. Jahrhundert wurde mit der Ausgrabung des alten Forums begonnen.

Die **Piazza del Campidoglio** schuf Michelangelo, der Platz sollte möglichst eindrucksvoll werden, um Kaiser Karl V. zu imponieren, der Rom einige Jahre zuvor brutal überfallen hatte.

COLOSSEO, FORI & MONTI

1. Materia
2. San Giovanni in Laterano / Scala Santa
3. Basilica San Clemente
4. Ciuri Ciuri
5. Parco del Colle Oppio
6. San Pietro in Vincoli
7. Kolosseum
8. Via Sacra
9. Arco di Constantino
10. Palatino / Museo Palatino
11. Forum Romanum
12. Fori Imperiali
13. Arco di Settimio Severo
14. Piazza del Campidoglio / Musei Capitolini
15. Caffè Capitolino
16. Vittoriano / Museo del Risorgimento
17. Colonna di Traiano
18. Mercati di Traiano
19. Arco dei Pantani
20. Piazza della Madonna dei Monti
21. LOL
22. Ce Stamo a Pensà
23. Mercato Monti
24. Zia Rosetta
25. Hang Design
26. Antigallery
27. Urbana 47
28. Ristorante Broccoletti
29. Basilica di Santa Maria Maggiore
30. Kokoro
31. Ai Tre Scalini
32. Pifebo Vintage Shop
33. Al Vino Al Vino
34. La Casetta a Monti
35. Fafiuché
36. La Taverna dei Fori Imperiali

Wo zur Zeit des alten Roms die *suburra* (Vorstadt) lag, findest du jetzt das Viertel **Monti** (was „Berge“ bedeutet). Die *suburra* war der Bezirk, wo die Armen wohnten und die Prostituierten arbeiteten, und durch eine dicke Brandmauer von den *fori* getrennt. Monti ist wunderschön, schmale Gassen mit glänzenden *sampietrini* (Kopfsteinpflaster) und blühenden Pflanzen an den Fassaden der zahlreichen Bars, Antiquariate und hübschen Boutiquen lohnen einen Besuch in diesem zentral gelegenen Bezirk.

WENIG ZEIT? DAS SIND DIE HIGHLIGHTS:
BASILICA DI SAN CLEMENTE + SAN PIETRO IN VINCOLI + KOLOSSEUM + PALATINO + PIAZZA DEL CAMPIDOGLIO

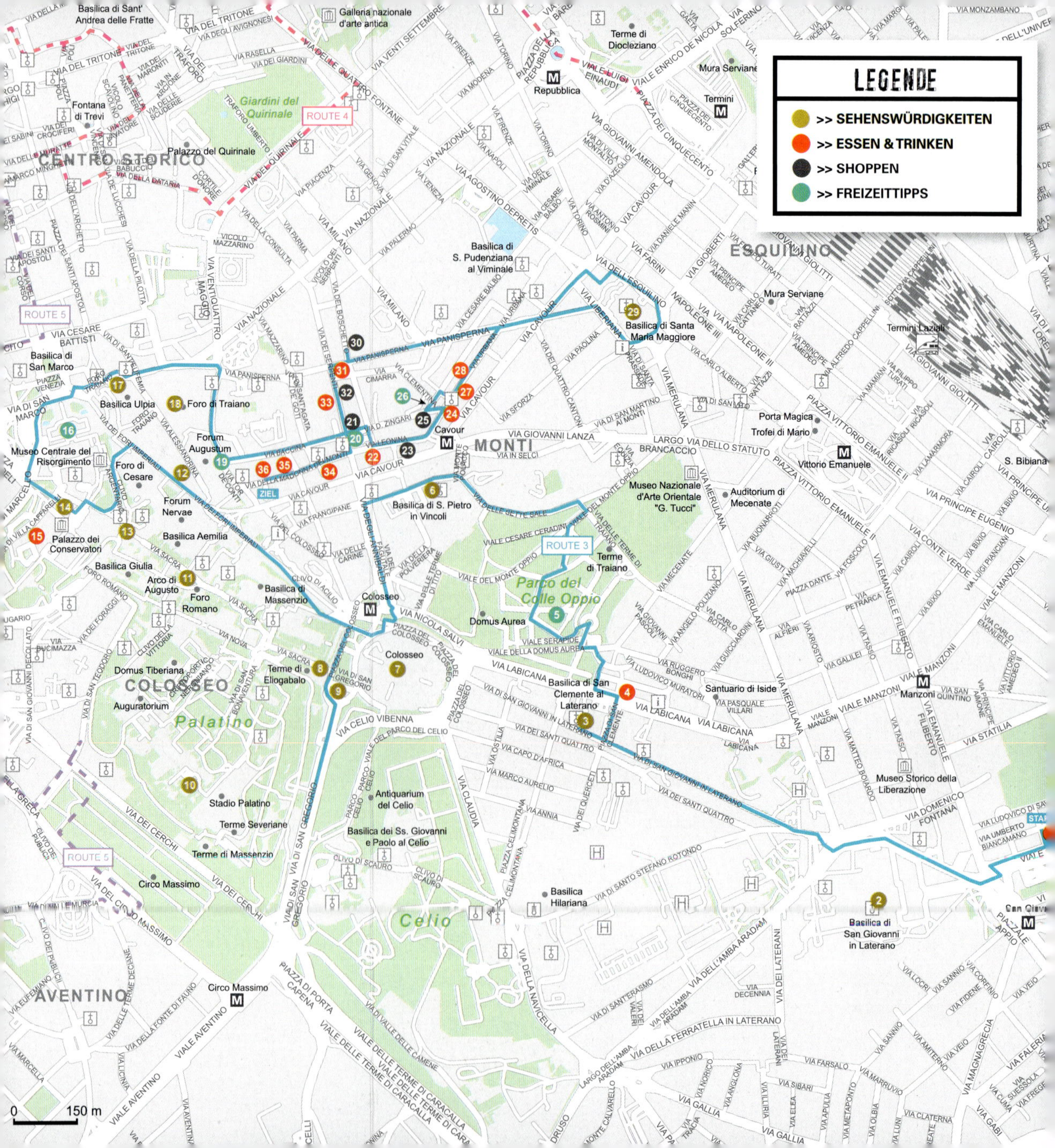

LEGENDE
>> SEHENSWÜRDIGKEITEN
>> ESSEN & TRINKEN
>> SHOPPEN
>> FREIZEITTIPPS
CENTRO STORICO
MONTI
ESQUILINO
COLOSSEO
AVENTINO
Palatino
Celio
Parco del Colle Oppio
Giardini del Quirinale
ROUTE 3
ROUTE 4
ROUTE 5
ZIEL
Basilica di Sant' Andrea delle Fratte
Galleria nazionale d'arte antica
Terme di Diocleziano
Mura Serviane
Repubblica
Termini
Fontana di Trevi
Palazzo del Quirinale
Basilica di S. Pudenziana al Viminale
Basilica di Santa Maria Maggiore
Termini Laziali
Basilica di San Marco
Basilica Ulpia
Foro di Traiano
Forum Augustum
Museo Centrale del Risorgimento
Foro di Cesare
Forum Nervae
Basilica Aemilia
Palazzo dei Conservatori
Basilica Giulia
Arco di Augusto
Foro Romano
Basilica di Massenzio
Cavour
Basilica di S. Pietro in Vincoli
Porta Magica
Trofei di Mario
Vittorio Emanuele
Museo Nazionale d'Arte Orientale "G. Tucci"
Auditorium di Mecenate
Terme di Traiano
S. Bibiana
Colosseo
Domus Aurea
Domus Tiberiana
Auguratorium
Terme di Eliogabalo
Basilica di San Clemente al Laterano
Santuario di Iside
Manzoni
Stadio Palatino
Terme Severiane
Terme di Massenzio
Circo Massimo
Antiquarium del Celio
Basilica dei Ss. Giovanni e Paolo al Celio
Basilica Hilariana
Museo Storico della Liberazione
Basilica di San Giovanni in Laterano
San Giovanni
0 150 m

BESCHREIBUNG ROUTE 3 (ca. 8,8 km)

Starte mit einem Frühstück oder Mittagessen 1. Geh bis ans Ende der Straße und rechts um die Basilika herum 2, am Obelisken vorbei und folge der Via di San Giovanni in Laterano. Bewundere die Schichten Roms in (und unter) der nächsten Basilika 3. Gönn dir ein Stückchen zurück und nach links etwas Leckeres 4. Mäandere durch den Parco Colle Oppio 5, verlass den Park über die Via delle Sette Sale und schau dir den Moses von Michelangelo an 6. Biege dann links in die Via degli Annibaldi Richtung Kolosseum 7. Rechts gelangst du zur wichtigsten Straße des alten Roms 8 und dem Konstantinsbogen 9. Auf dem Hügel Palatino stand der kaiserliche Palast 10. Lauf zurück, am Kolosseum vorbei und links die Via dei Fori Imperiali hoch. Links liegt das Forum Romanum, das ehemalige Stadtzentrum 11. Rechts siehst du die Fori, die verschiedene Kaiser bauen ließen, die Fori Imperiali 12. Geh links die Via di San Pietro in Carcere hinauf. Hinter dem Arco di Settimio Severo 13 bietet sich ein wunderbarer Ausblick. Begib dich zur Piazza del Campidoglio und bewundere die Lupa in den Musei Capitolini 14. Genieß ein Getränk und die Aussicht im Museumscafé 15. Spaziere dann zum Vittoriano-Denkmal auf der Piazza Venezia, das von überall in der Stadt her zu sehen ist 16. Überquere die Piazza della Madonna di Loreto zur Colonna di Traiano 17. Hier findest du einen gut erhaltenen Komplex aus Geschäften und Markthallen 18. Mach einen Bogen rechts herum über Via Magnanapoli, Via Quattro Novembre, Largo Magnanapoli, Salita del Grillo und Via Tor de' Conti. Beim Arco dei Pantani genießt du den Ausblick 19. Biege dann links in die Via Baccina und geh geradeaus ins Herzstück von Monti 20 21 22. Bummle zum Shoppen in die Via Leonina 23. Folge der Kurve in die Via Urbana auf ein Sandwich 24 und biege dann links auf die Piazza degli Zingari, dort gibt's Design 25. Halte gleich rechts um die Ecke an, um links die Ausstellung zu sehen 26. Geh rechts in die Via de' Ciancaleoni und dann links die Via Urbana lang, um etwas zu essen 27 28. Lauf dann rechts die Via di Santa Maria Maggiore hoch und rechts um die Basilika herum 29. Tauche über die Via Cavour wieder in Monti ein und geh rechts über die Via di Santa Maria Maggiore und die Via Panisperna zurück. Um Klamotten zu kaufen, mach noch einen Abstecher nach rechts 30. Kehr um und trink ein Stückchen weiter ein Glas Wein 31. Links in der Via dei Serpenti kannst du Vintage shoppen 32 und noch mehr Wein trinken 33. Biege dann rechts in die Via della Madonna dei Monti, um den Tag abzuschließen 34 35 36.

SEHENSWÜRDIGKEITEN

② **San Giovanni in Laterano** ist die Kathedrale von Rom und gleichzeitig die älteste Kirche der Stadt und damit der Welt. San Giovanni wurde 313 von Kaiser Konstantin gegründet, aber von dieser ursprünglichen Basilika ist nicht mehr viel übrig. Mitte des 17. Jahrhunderts zeichnete der Barockarchitekt Francesco Borromini verantwortlich für die Basilika, die du heute bewundern kannst. Anlässlich des Heiligen Jahres sollte er aus der ständig umgebauten mittelalterlichen Kirche eine moderne Kirche machen. Borromini behielt ältere Elemente nach Möglichkeit bei und integrierte sie in das Barockbauwerk. Neben der Kathedrale, gegenüber dem Platz mit dem Obelisken, befindet sich die Heilige Treppe, **Scala Santa**. Der Legende nach ist Christus vor seiner Kreuzigung darüber gegangen. Helena, die Mutter des christlichen Kaisers Konstantin, brachte die Treppe nach Rom. In der Hoffnung auf Vergebung legen Pilger den Weg über die Treppe auf Knien zurück.
Piazza di San Giovanni in Laterano, www.vatican.va, Tel. 0669886433, Öffnungszeiten Kathedrale tgl. 7.00–18.30, Kloster tgl. 9.00–18.00, Scala Santa Mo–Sa 6.00–14.00 & 15.00–18.30, So 7.00–14.00 & 15.00–18.30 Uhr, Eintritt Kathedrale & Scala Santa frei, Kloster 2 €, Metro A, C San Giovanni, Tram 3, 8 Porta S. Giovanni/Carlo Felice

③ Die Papst Klemens I. geweihte **Basilica San Clemente** ist das schönste Beispiel dafür, wie in Rom im Lauf der Geschichte gebaut wurde. Auf einer Schutzkirche aus dem ersten Jahrhundert, die sich in einem großen Wohnhaus befand, wurde drei Jahrhunderte später eine Kirche zu Ehren des Heiligen Klemens errichtet. Als diese Kirche – nun die „Unterkirche" – 1084 durch die Normannen verwüstet wurde, ließ Papst Paschalis II. eine neue Basilika bauen – die „Oberkirche". Vieles wurde wiederverwendet, unter anderem wurde die Choreinfassung mit nach „oben" genommen. Die Unterkirche war lange vergessen und wurde Mitte des 19. Jahrhunderts wiederentdeckt.
Via Labicana 95, www.basilicasanclemente.com, Tel. 067740021, Mo–Sa 9.00–12.30 & 15.00–18.00, So 12.00–18.00 Uhr, Eintritt frei, Metro B, B1 Colosseo, Tram 3, 8 Labicana

⑥ Jede Kirche in Rom birgt eine wichtige Reliquie: den Überrest vom Körper eines Heiligen oder ein besonderes Objekt, der ihm zugeordnet wird. In die **San Pietro in Vincoli** kamen die Pilger, um bei den Ketten zu beten, mit denen Petrus andernorts in Rom gefesselt war. Die Säulen in dieser Kirche sind antik, also

17

2

14

wiederverwendet. Doch das Besondere ist der *Moses* von Michelangelo, Teil des Grabdenkmals für Papst Julius II., hinten rechts in der Kirche. Wegen einer falschen Bibelübersetzung hat dieser Moses kleine Hörner statt „strahlender" Haut.
Piazza San Pietro in Vincoli 4a, Tel. 0697844952, tgl. 8.00–12.30 & 15.00–18.00, im Sommer bis 19.00 Uhr, Eintritt frei, Metro B, B1 Cavour, Tram 3, 8 Piazza del Colosseo

⑦ Die Eröffnung des **Kolosseums** (Colosseo) im Jahr 80 n. Chr. wurde mit Spielen begangen, die hundert Tage und Nächte andauerten. Das Kolosseum hat viel gesehen, von Gladiatorenkämpfen bis zu Jagdpartien, öffentlichen Hinrichtungen und vielleicht sogar einmal eine Seeschlacht. Unter dem Arenaboden befand sich ein ausgeklügeltes System von Zellen, Korridoren und Aufzügen, durch die plötzlich ein wildes Tier in der Arena „erscheinen" konnte. Die Bauweise des Kolosseums war für die damalige Zeit eigentlich nicht außergewöhnlich: Alle Materialien und Techniken hatte man schon früher verwendet.
Piazza del Colosseo 1, www.coopculture.it, Tel. 0639967700, tgl. 8.30 Uhr bis eine Stunde vor Sonnenuntergang, Eintritt 16 € (Kombiticket mit Palatin & Forum Romanum), Metro B, B1 Colosseo, Tram 3, 8 Piazza del Colosseo

(8) Die **Via Sacra** war die Hauptverkehrsstraße im Zentrum des alten Roms. Der Name stammt von den vielen Tempeln, die hier standen. Wenn er einen Kriegszug gewonnen hatte, konnte ein General beim Senat einen Triumphzug über die Via Sacra verlangen. Voraussetzungen dafür: Das eroberte Gebiet musste eine ansehnliche Größe haben und es mussten mindestens fünftausend feindliche Soldaten getötet worden sein. Während des Triumphzuges wurden Gefechte nachgestellt und Kriegsgefangene und Kriegsbeute zur Schau gestellt. Am Ende exekutierte man den Anführer des feindlichen Heers öffentlich.
Teil des Forum Romanum, Metro B, B1 Colosseo, Tram 3, 8 Piazza del Colosseo

(9) Der **Arco di Costantino** wurde 315 n. Chr. zu Ehren von Kaiser Konstantin gebaut, nachdem er Maxentius in der Schlacht am Ponte Milvio besiegt und dadurch Rom befreit hatte. Der Triumphbogen ist reich verziert, aber nur die „kleinen" Reliefs haben mit Konstantin zu tun. Die übrigen Reliefs und die Skulpturen sind wiederverwendetes Material von anderen Monumenten der Kaiser Trajan, Mark Aurel und Hadrian. Konstantin hat den Bogen nie vollendet gesehen, er war damals schon in Konstantinopel.
Zwischen Via di San Gregorio & Piazza del Colosseo, Metro B, B1 Colosseo, Tram 3, 8 Piazza del Colosseo

(10) Archäologische Ausgrabungen beweisen, dass der Hügel **Palatino** (Palatin) bereits in der frühen Eisenzeit besiedelt war: die Pfahlbauhütten des Romulus. Zur Zeit der Römischen Republik wohnte die Elite auf diesem Hügel, und während der Kaiserzeit wurden hier gigantische Paläste errichtet. Im **Museo Palatino** siehst du Fragmente von Fresken, Skulpturen und Objekten, die auf dem Hügel gefunden wurden. Nach vielen Restaurierungen steht nun auch das Haus von Augustus, die Casa di Augusto, Besuchern offen.
Via di San Gregorio 30, www.parcocoloseio.it, Tel. 0639967700, tgl. 8.30 Uhr bis eine Stunde vor Sonnenuntergang, Eintritt 16 € (Kombiticket mit Kolosseum & Forum Romanum), Metro B, B1 Colosseo, Tram 3, 8 Piazza del Colosseo

(11) Das **Forum Romanum** war das wichtigste Zentrum der Stadt, für jedermann zugänglich und ein Ort, der verschiedene Funktionen erfüllte. Von den meisten Tempeln und Bauten ist nur noch wenig übrig, aber du erhältst einen guten Eindruck von der Gesamtstruktur. Mit etwas Fantasie spazierst du durch das alte

Rom. Vesta, die Göttin von Heim und Herd, war im alten Rom ungeheuer wichtig und der kleine runde **Tempio di Vesta** daher auch – man glaubte, Rom würde untergehen, würde das Feuer im Tempel erlöschen. Aufgabe der sechs Jungfrauen, die in der Casa delle Vestali lebten, war es, das Feuer am Brennen zu halten. Kaiser Antoninus Pius baute den **Templo di Antonino e Faustina** zu Ehren seiner verstorbenen Frau Faustina. Nach seinem Tod wurde der Tempel auch ihm geweiht. Im achten Jahrhundert bauten die Römer den Tempel zur Kirche um.

Via della salara vecchia 5/6, www.coopculture.it, Tel. 0669984452, 8.30 Uhr bis eine Stunde vor Sonnenuntergang, Eintritt 16 € (Kombiticket mit Kolosseum & Palatin), Metro B, B1 Colosseo, Tram 3, 8 Piazza del Colosseo

⑫ Als aus Rom ein Kaiserreich wurde und die Stadt schnell anwuchs, fanden die Kaiser, dass der Zentralplatz Forum Romanum zu klein wurde: Die **Fori Imperiali** (Kaiserforen) wurden gebaut. Julius Cäsar errichtete 54 v. Chr. das erste Forum, fünfzig Jahre später folgte sein Adoptivsohn mit dem Augustusforum. Die kaiserlichen *fori* wurden immer imposanter, das allergrößte Forum ließ Trajan erbauen, angrenzend an den Markt, den er ebenfalls anlegen ließ.

Via dei Fori Imperiali, www.museiincomuneroma.it, Tel. 060608, 8.30 Uhr bis eine Stunde vor Sonnenuntergang, Eintritt 4 €, Metro B Colosseo, Tram 8 Venezia

⑬ Die schönste Aussicht auf das Forum Romanum hast du von dem Weg aus, der sich von der Via di San Pietro in Carcere den Campidoglio hoch schlängelt. Man scheint dem **Arco di Settimio Severo** zum Greifen nah zu kommen. Der Bogen wurde 203 n. Chr. anlässlich des zehnten Jahrestags des Sieges von Kaiser Septimius Severus über die Parther errichtet. Eigentlich gar nicht so alt, wenn man bedenkt, dass die (Reste der) Tempel, die du hinter dem Bogen siehst, aus dem fünften Jahrhundert vor Christus stammen.

Teil des Forum Romanum, siehe Nr. 11

⑭ Der Campidoglio (Kapitolinischer Hügel) ist der kleinste der sieben Hügel. Michelangelo musste beim Entwurf der **Piazza del Campidoglio** alle Register ziehen, um sie möglichst groß erscheinen zu lassen. Bei genauem Hinsehen merkst du, wie klein die Statuen auf dem Dachvorsprung tatsächlich sind – reine optische Täuschung. Das Reiterstandbild in der Mitte ist die Kopie einer Statue von Mark Aurel aus dem zweiten Jahrhundert. Das Original steht in den **Musei Capitolini**,

13

11

16

die in den beiden Palästen links und rechts untergebracht sind. Weitere Highlights dort sind die *Lupa Capitolina*, die Überreste einer kolossalen Statue von Kaiser Konstantin, *Der Dornauszieher, Amor und Psyche* und *Der Sterbende Gallier*.
Piazza del Campidoglio 1, www.museicapitolini.org, Tel. 060608, tgl. 9.30–19.30 Uhr, Eintritt 15 €, Tram 8 Venezia

(17) Die **Colonna di Traiano** wurde 113 eingeweiht. Auf 25 großen Marmorblöcken wickeln sich (buchstäblich) die Feldschlachten von Kaiser Trajan in Dacia, dem heutigen Rumänien, ab. Der Kriegszug war für Trajan so erfolgreich verlaufen, dass er mit dem Kriegsgewinn den Bau seines Forums bezahlen konnte. Die Säule ist genauso hoch wie der Hügel, der abgetragen werden musste, um die Mercati di Traiano zu bauen.
Via dei Fori Imperiali, Metro B Colosseo, Tram 8 Venezia

(18) Zu Beginn des zweiten Jahrhunderts erlebte Rom unter Kaiser Trajan eine bis dato ungekannte Blüte. In den **Mercati di Traiano** kannst du dir eine Bild vom damaligen Leben machen. Der Komplex aus 150 Geschäften und Kontoren ist noch

gut erhalten, wobei der Architekt Appollodoris von Damascus keinen leichten Job hatte: Die fünf Stockwerke aus mit Backsteinen verkleidetem Kalkbeton mussten auch den Steilhang befestigen, der gegraben worden war, um die *fori* zu bauen.
Via IV Novembre 94, www.mercatiditraiano.it, Tel. 060608, tgl. 9.30–19.30 Uhr, Eintritt 15 €, Metro B Colosseo, Tram 8 Venezia

(29) Die **Basilica di Santa Maria Maggiore** ist eine der vier päpstlichen Basiliken in der Stadt, sie spiegelt die reiche Geschichte Roms wider. Es wurden römische Säulen verwendet, das Kirchenschiff gehört noch zum ursprünglichen Bau aus dem fünften Jahrhundert, es gibt einen Glockenturm aus dem 14. und Kapellen aus dem 16. und 17. Jahrhundert. Die Basilika wird auch Unsere Liebe Frau vom Schnee genannt: Maria soll es hier im Sommer schneien lassen haben, nachdem sie einem frommen Ehepaar erschienen war, dem sie empfahl, genau an dieser Stelle eine Kirche für sie zu errichten. Die goldene Kassettendecke hat eine finsteren Vergangenheit: Sie ist mit Gold verziert, das auf den ersten Schiffen aus Südamerika zurückkehrte. Hinten rechts in der Kirche ist das Grab von Bernini.
Piazza di Santa Maria Maggiore, www.vatican.va, Tel. 0669886800, tgl. 7.00–18.45 Uhr, Eintritt frei, Metro B, B1 Cavour, Tram 5, 14 Farini

ESSEN & TRINKEN

(1) Dass der „nordische" Trend auch in Rom Einzug gehalten hat, siehst du bei **Materia**, es ist hell, sauber und alles ist nachhaltig. Ein hübsches Plätzchen, um auf der Terrasse zu frühstücken, aber auch zum Mittagessen oder auf einen *aperitivo* bist du hier richtig. Die Karte ist nicht sehr umfangreich, aber vielfältig.
Via Andrea Provana, www.materiacafe.com, Tel. 0637896711, Di–Mi 8.00–15.00, Do 8.00–15.00 & 18.00–23.00, Fr–Sa 8.00–15.00 & 18.00–0.00, So 9.00–15.00 Uhr, Preis Mittagessen 8 €, Metro A, C San Giovanni, Tram 3, 8 Porta S. Giovanni/Carlo Felice

(4) Die leckersten *cornetti* gibt's bei **Ciuri Ciuri**, sie werden direkt vor deiner Nase frisch gefüllt. Gönne dir einen Cappuccino und ein *cornetto* mit Pistazienfüllung, bevor du durch den Parco del Colle Oppio spazierst.
Via Labicana 126/128, fb ciuriciuriitalia, Tel. 0645424856, tgl. 7.00–21.00 Uhr, Preis Kaffee mit Cornetto 2 €, Metro B, B1 Colosseo, Tram 3, 8 Labicana

(15) Das **Caffè Capitolino** gehört zu den Musei Capitolini, aber ins Café kannst du auch ohne Museumsbesuch gehen. Die Selbstbedienungspreise drinnen sind günstig, aber ein Mittagessen auf der etwas teureren Terrasse ist das Geld unbedingt wert, der Blick über Rom ist spektakulär.

Piazzale Caffarelli 4, Tel. 0669190564, Di–So 9.30–19.00 Uhr, Preis Sandwich 5,50 €, Tram 8 Venezia

(22) Bei **Ce Stamo a Pensà** bekommst du neapolitanisches Streetfood. Eine Pizza *fritta* mit römischem Akzent serviert zu bekommen, ist einfach was Besonderes. In dem kleinen Lokal ist nicht viel Platz, du kannst dein *panino*, die Portion *parmigiana di melanzane* oder *montanare* auch mitnehmen und am Brunnen auf der Piazza della Madonna dei Monti verspeisen.

Via leonina 81, fb cestamoapensa, Tel. 0669363154, Mo–Sa 19.00–3.00, So 12.00–23.00 Uhr, Preis Aperitif 5 €, Montanara 4 €, Metro B, B1 Cavour

(24) **Zia Rosetta** steht für qualitativ hochwertiges Streetfood, die Hauptrolle spielt das *rosetta*-Brötchen. Keine Sorge, falls du dich nicht entscheiden kannst, du kannst auch drei kleine Brötchen bestellen. Praktisch für ein schnelles Mittagessen, und dass sie (absichtlich) mit Knoblauch und Zwiebeln sparen, wird deine Reisegefährten freuen. Am begehrtesten sind die Plätze draußen an der Bar.

Via Urbana 54, www.ziarosetta.com, Tel. 0631052516, tgl. 11.00–21.00 Uhr, Preis Brötchen 7 €, Metro B, B1 Cavour, Tram 5, 14 Farini

(27) Alle bei **Urbana 47** verwendeten kommen aus Lazio, der Provinz, die Rom umgibt, von den saisonalen Bioprodukten bis zu den Weinen und Bieren. Das Sammelsurium an Retro-Möbeln steht zum Verkauf, genau wie die Weine, Marmeladen und anderen regionalen Leckereien.

Via Urbana 47, www.urbana47.it, Tel. 0647884006, tgl. 8.00–0.00 Uhr, Preis Mittagessen 15 €, Metro B, B1 Cavour, Tram 5, 14 Farini

(28) Das **Ristorante Broccoletti** ist so ein Laden, wo alles stimmt. Die wechselnde Speisekarte, die Qualität der Zutaten, die Zubereitung der Gerichte, die zurückhaltende Einrichtung und die freundlichen Besitzer: Du wirst dich wie zuhause fühlen.

Via Urbana 104, insta @ristorantebroccoletti, Tel. 0690271389, Di–So 12.30–15.00 & 19.30–23.30 Uhr, Preis Pasta 14 €, Metro B, B1 Cavour, Tram 5, 14 Farini

27
PLEASE COME BACK

27
SACCOCCIA

27

31

33
Enoteca

47
BAR

34

(31) Schon seit 1895 trinken durstige Römer ihren Wein bei **Ai Tre Scalini**. Und es ist dort immer noch gemütlich. Such dir unter den Weinen einen aus, dazu etwas Leckeres aus der Region, wie z. B. *cicoria* (vielleicht das römischste aller Gerichte) oder *porchetta* (gebackenes Schweinefleisch).

Via Panisperna 251, www.aitrescalini.org, Tel. 0648907495, tgl. 12.30–1.00 Uhr, Preis Glas Wein 5 €, Metro B, B1 Cavour

(33) In der Weinstube **Al Vino Al Vino** kann es voll, heiß und eng werden, aber es ist auch sehr gemütlich und die Weinkarte ist beeindruckend. Richtig essen kannst du hier nicht, aber für einen Euro kriegst du ein Tellerchen mit frischen Zucchini, getrockneten Tomaten und hausgemachter *caponata* (geschmorte Aubergine).

Via dei Serpenti 19, Tel. 06485803, tgl. 10.00–14.00 & 18.00–0.00 Uhr, Preis Glas Wein 5 €, Metro B, B1 Cavour

(34) In einem kleinen, mit Efeu bewachsenen Häuschen kannst du frühstücken, die *merenda* (etwas Süßes am Nachmittag) und den *aperitivo* nehmen. Komm herein auf einen leckeren Kaffee, *cornetti* oder erstklassigen Wein. Bei **La Casetta a Monti** vergisst du fast, dass du dich mitten in Rom befindest.

Via della Madonna dei Monti 62, fb lacasettadeimonti, Tel. 064827756, Mo–Fr 9.00–20.00, Sa 9.30–22.30, So 9.30–21.00 Uhr, Preis Kaffee 1,50 €, Metro B, B1 Cavour

(35) „Befreie deine Kehle" lautet das Motto von **Fafiuché**. Damit wollen sie sagen, dass du neue Sachen probieren und maximal genießen sollst. Halte dich daran und bestelle während der *aperitivo*-Stunden ein Glas Wein und bedien dich auch am Buffet. Danach wird die farbenfrohe Weinbar zum Restaurant.

Via della Madonna dei Monti 28, www.fafiuche.it, Tel. 066990968, Mo–Do 17.30–0.00, Fr–Sa 17.30–1.00 Uhr, Preis Aperitivo 8 €, Metro B, B1 Cavour

(36) Im Familienrestaurant **La Taverna dei Fori Imperiali** ist man stolz darauf, dass Stars wie Dustin Hoffman und Al Pacino hier schon gegessen haben, aber auch unter den Römern ist das Lokal beliebt. Sowohl die Klassiker als auch überraschende Spezialgerichte wie *gnocchi al tartufo* sind begehrt.

Via della Madonna dei Monti 9, www.latavernadeiforiimperiali.com, Tel. 066798643, Mo & Mi–So 12.00–15.00 & 19.00–23.00 Uhr, Preis Pasta 9 €, Metro B, B1 Colosseo, Tram 8 Venezia

SHOPPEN

㉑ **LOL** verkauft schöne, langlebige Qualitätsstücke von kleinen europäischen Designern, die etwas teurer, aber ihr Geld wert sind. Für den Freizeit-Look gibt's feine Strickwaren und tolle Pullover. Du kannst hier Schuhe kaufen, die du sonst nirgends findest; das gilt auch für den coolen handgemachten Schmuck.
Piazza della Madonna dei Monti 1, www.lolroma.myshopify.com, Tel. 0647826335, tgl. 11.00–13.00 & 15.00–19.00 Uhr, Metro B, B1 Cavour

㉓ Auf dem Pop-up-Markt **Mercato Monti** entdeckst du ausgefallene Sachen. Dort stehen beispielsweise Goldschmiede mit ihren eigenen, ausgefallenen, aber tragbaren Schmuckstücken, und Stände mit schönen (Vintage-)Sonnenbrillen und ausgesuchter Secondhandkleidung.
Via Leonina 43-21, fb mercatomonti, Sa–So 10.00–20.00 Uhr, Metro B, B1 Cavour

㉕ Im Geschäft von **Hang Design** kaufst du Ledertaschen und Accessoires des gleichnamigen Labels. Die Stücke sind cool, schlicht und praktisch, haben aber doch einen gewissen Vintage-Touch. Alle Artikel werden in Italien von Hand aus bestem Leder hergestellt, Kunstfertigkeit und Qualität garantiert.
Via degli Zingari 32, www.hangdesign.it, Tel. 0645752324, Mo–Sa 10.00–18.30 Uhr, Metro B, B1 Cavour

㉚ Blumen, Streifen, Kleider und Hemden: Bei **Kokoro** findest du auf jeden Fall ein Kleidungsstück nach deinem Geschmack. Wenn ein Kunde im Laden ist, bleiben Nadel und Faden auf dem Arbeitstisch liegen und warten geduldig, bis wieder weitergearbeitet werden kann. Jedes Teil kostet maximal sieben Zehner, trotzdem sind alle Artikel von hoher Qualität.
Via del Boschetto 75, www.kokoroshop.it, Tel. 064870657, tgl. 11.00–20.00 Uhr, Metro B, B1 Cavour

㉜ Gute Adidas-Anzüge und schöne Lederjacken und -taschen zu fairen Preisen kriegst du im **Pifebo Vintage Shop**. Es gibt auch hübsche T-Shirts und Hemden, Schuhe bekannter Marken und eine eigene Sonnenbrillen-Linie im Vintage-Look.
Via dei Serpenti 141, www.pifebo.com, Tel. 0697658916, Mo–Sa 11.00–20.00, So 12.00–20.00 Uhr, Metro B, B1 Cavour

32

30

25
LABORATORIO

FREIZEITTIPPS

⑤ Der **Parco del Colle Oppio** auf dem Oppio-Hügel (keiner der sieben), unter dem sich Neros goldenes Haus versteckt, bietet vielleicht den spektakulärsten Ausblick aller römischen Parks: aufs Kolosseum. Vor allem am Beginn und Ende des Tages fällt das Licht wunderschön auf das antike Theater. Der Park wurde kürzlich überholt und eignet sich prima, um zwischendurch dem Stadtgefühl zu entfliehen.

Via del Monte Oppio, tgl. 6.30–21.30 Uhr, Eintritt frei, Metro B, B1 Colosseo, Tram 3, 8 Piazza del Colosseo

⑯ Nicht entgehen lassen sollte man sich das Denkmal zu Ehren von Victor Emanuel II., dem ersten König Italiens, das zur Feier der italienischen Einheit errichtet wurde. Vielen Römern ist es ein Dorn im Auge und sie bezeichnen es als „die Hochzeitstorte" oder „die Schreibmaschine". Aber **Il Vittoriano** ist schon allein von den Ausmaßen her eindrucksvoll. Das Reiterstandbild ist so groß, dass man anlässlich seiner Fast-Fertigstellung ein Festessen im Bauch des

Pferdes gab. Auch das **Museo del Risorgimento**, das sich mit dem Jahrhundert der Einigung Italiens befasst, residiert hier. Oben auf Il Vittoriano befindet sich eine Bar mit sagenhafter Aussicht über die Stadt. Ein perfektes Plätzchen für eine Verschnaufpause!

Piazza Venezia, www.ilvittoriano.com, Tel. 066780664, Öffnungszeiten Museo Mo–Do 9.30–19.30, Fr–Sa 9.30–22.00, So 9.30–20.30 Uhr, Eintritt frei, Tram 8 Venezia

(19) Unweit der *fori* lag die *suburra*: Das Viertel des gewöhnlichen Volks war dicht bewohnt, dort standen hohe Gebäude und alle naselang brannte es irgendwo. Daher war die dicke Brandmauer zwischen den Fori und der Suburra kein unnötiger Luxus. Da die Fori aber eine wichtige öffentliche Funktion erfüllten, mussten sie gut zugänglich sein. Und deshalb können wir jetzt unter dem **Arco dei Pantani** den Ausblick über die Fori genießen.

Via Tor de' Conti, Metro B, B1 Colosseo, Tram 8 Venezia

(20) Das Herz von Monti gehört der Madonna. Die **Piazza della Madonna dei Monti** ist nach der Kirche benannt, und hier herrscht immer Betrieb. Das Angebot an Terrassen ist groß, aber du kannst auch sehr schön am Brunnen sitzen.

Piazza della Madonna dei Monti, Metro B, B1 Cavour

(26) **Antigallery** hängt nach eigenen Angaben einer etwas entspannteren Herangehensweise ans Galeriewesen an. Kunstgenuss passt hier prima zum Biergenuss. Unbedingt solltest du auch die Terrasse und die Umgebung genießen: Antigallery liegt an einem entzückenden kleinen Platz.

Piazza degli Zingari, fb antigallery, Tel. 06454545, Di–So 18.30–2.00 Uhr, Metro B, B1 Cavour

ROUTE 4

BARBERINI, TREVI, POPOLO & BORGHESE

INFOS ZUR ROUTE

Willkommen im Rom von Format: große Gebärden, eindrucksvolle Denkmäler und dramatische Kulissen, vor denen sich das römische Leben laut und deutlich abspielt. Deine Route beginnt auf der beeindruckenden Piazza della Repubblica, wo du noch gut sehen kannst, wie riesig die Thermen von Diokletian einst waren. Genieß die Aussicht beim Abstieg vom Quirinale, einem der sieben Hügel, und erlebe bei dieser *passeggiata* das Rom, das du aus Filmklassikern kennst.

DIE VIERTEL

Dieser Spaziergang führt dich an zahlreichen Highlights von Rom vorbei. Du startest nahe der gewaltigen **Piazza della Repubblica** mit der interessanten Fontana delle Naiadi. Der Platz folgt dem Grundriss der enormen Thermen von Diokletian, die sich in der Antike hier befanden. Auch an der **Santa Maria degli Angelo e dei Martiri** auf dem Gelände, entworfen von Michelangelo, kannst du gut sehen, wie gigantisch der Komplex war. Mit der **Fontana dell'Acqua Felice** wurde ein Trend in Gang gesetzt, dem ein Papst nach dem anderen folgte: das Hinterlassen eines beeindruckenden Monuments (besonders beliebt waren Brunnen), um die Stadt schöner zu verlassen als er sie vorgefunden hatte.

Daran hielt sich auch Barberini-Papst Urban VIII. Etwas von seinem Baueifer kannst du auf der Piazza Barberini und am **Palazzo Barberini** bewundern. Über den Quirinale und am weltberühmten **Trevi-Brunnen** (Fontana di Trevi) vorbei kommst du über die elegante **Via dei Condotti** zur **Piazza di Spagna**, wo Vater und Sohn Bernini zusammen an einem Brunnen bauten.

Die **Via Margutta**, eine Art Künstlerdorf, liegt zwischen der monumentalen Spanischen Treppe und der eindrucksvollen **Piazza del Popolo**. Wirf hier einen Blick auf die Tridente, die drei Straßen, die von der **Piazza del Popolo** abgehen und den Dreizack von Neptun bilden. Nachdem du den ägyptischen Obelisken und die **Santa Maria del Popolo** bewundert hast, steigst du auf den Pincio-Hügel.

Die **Villa Borghese** ist eine grüne Oase mitten im historischen Zentrum von Rom, einst der Hinterhof von Kardinal Scipione Borghese, dessen Kunstsammlung in der **Galleria Borghese** du unbedingt sehen musst.

WENIG ZEIT? DAS SIND DIE HIGHLIGHTS:
PALAZZO MASSIMO + SANTA MARIA DELLA VITTORIA + TREVI-BRUNNEN + PIAZZA DI SPAGNA + GALLERIA BORGHESE

TIPPS

// Du kannst die Route auch einfach andersrum gehen
// Wirf eine Münze in den Trevi
// Bewundere in der Santa Maria del Popolo Werke von Raffael, Caravaggio und Bernini

BARBERINI, TREVI, POPOLO & BORGHESE

1. Palazzo Massimo
2. Santa Maria degli Angeli e dei Martiri
3. Piazza della Repubblica
4. Fontana dell'Aqua Felice
5. Santa Maria della Vittoria
6. Elsa Coffee
7. Fontana del Tritone
8. Palazzo Barberini
9. San Carlo alle Quattro Fontane
10. Piazza del Quirinale / Palazzo del Quirinale
11. Baccano
12. Trevi-Brunnen
13. Rinascente Tritone
14. Deroma
15. Ginger
16. Zuma
17. Via dei Condotti
18. Antico Caffè Greco
19. Spanische Treppe / Piazza di Spagna
20. Babington's Tea Room
21. Pastificio Guerra
22. La Buvette
23. Mausoleo di Augusto
24. Ara Pacis
25. Canova Tadolini
26. Via Margutta
27. Il Marmoraro
28. Il Margutta
29. Galleria Mia
30. Ospedale delle Bambole
31. Enoteca Buccone
32. Piazza del Popolo
33. Santa Maria del Popolo
34. Giardino del Pincio
35. Villa Borghese
36. Cinema dei Piccoli
37. Galleria Borghese
38. Colbert

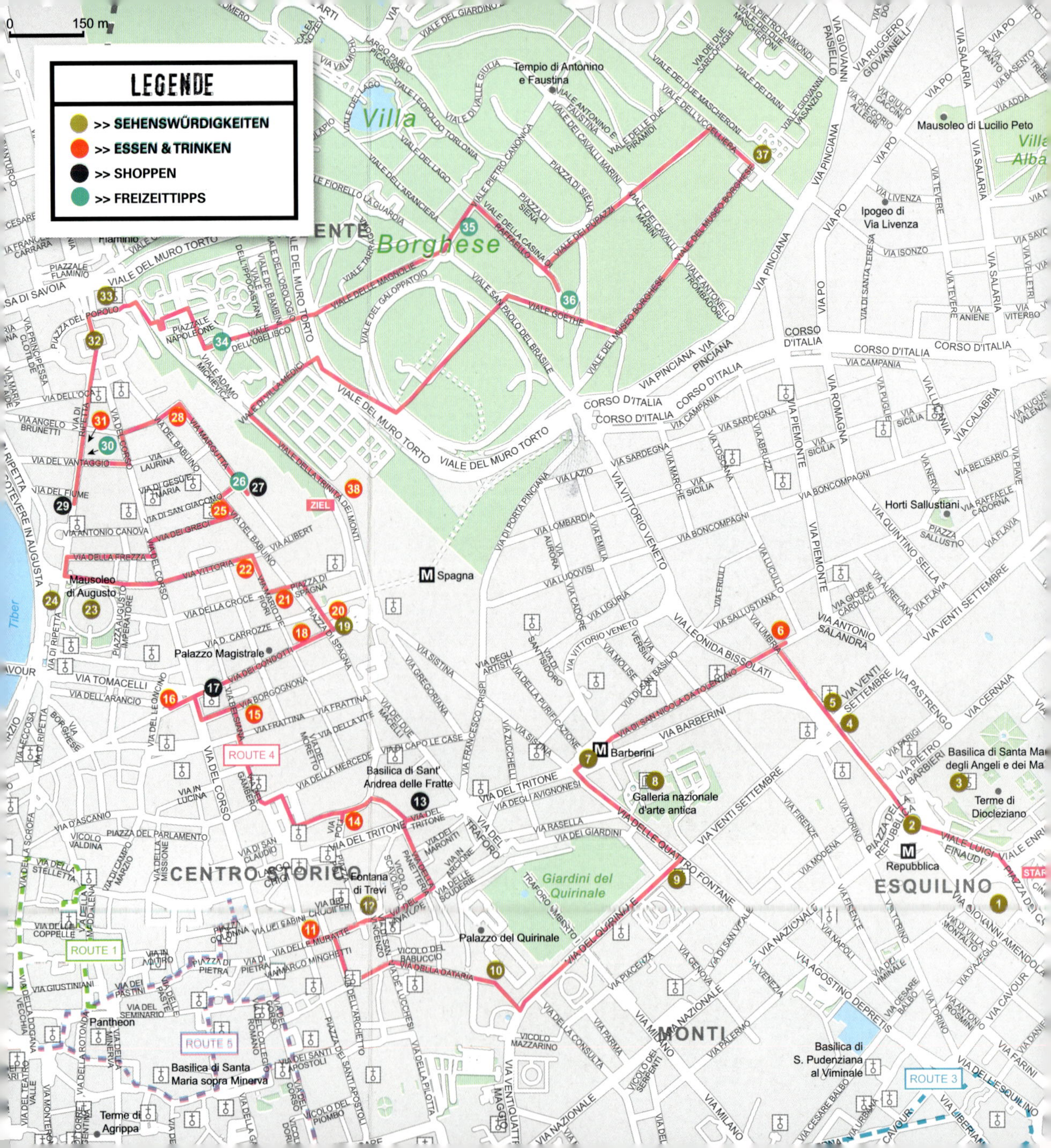

0
150 m
LEGENDE
>> SEHENSWÜRDIGKEITEN
>> ESSEN & TRINKEN
>> SHOPPEN
>> FREIZEITTIPPS
Villa Borghese
Tempio di Antonino e Faustina
Mausoleo di Lucilio Peto
Villa Albani
Ipogeo di Via Livenza
Flaminio
Piazzale Flaminio
Piazza del Popolo
Viale del Muro Torto
Piazzale Napoleone
Viale dell'Obelisco
Viale della Trinità dei Monti
ZIEL
Horti Sallustiani
Piazza Sallustio
Corso d'Italia
Via Pinciana
Via Veneto
Spagna
Mausoleo di Augusto
Tiber
Palazzo Magistrale
Via del Corso
Via Condotti
Piazza di Spagna
Via Leonida Bissolati
Via Venti Settembre
Barberini
Galleria nazionale d'arte antica
Basilica di Santa Maria degli Angeli e dei Martiri
Terme di Diocleziano
Repubblica
ESQUILINO
ROUTE 4
Basilica di Sant' Andrea delle Fratte
Via del Tritone
CENTRO STORICO
Fontana di Trevi
Giardini del Quirinale
Palazzo del Quirinale
Via delle Quattro Fontane
Via Nazionale
ROUTE 1
Pantheon
ROUTE 5
Basilica di Santa Maria sopra Minerva
Terme di Agrippa
MONTI
Basilica di S. Pudenziana al Viminale
ROUTE 3
Via Cavour

BESCHREIBUNG ROUTE 4 (ca. 9,6 km)

Starte am Palazzo Massimo 1 und geh Richtung Brunnen zur Piazza della Repubblica 2 mit Michelangelos letztem Werk 3. Rechts an der nächsten Kreuzung warten ein weiterer Brunnen und eine Kirche 4 5. Lauf den Largo di Santa Susanna hinauf und halte rechts auf einen Kaffee 6. Nimm links die Via di San Nicola da Tolentino und überquere den Platz mit dem Triton 7. Links um die Ecke findest du den Palazzo Barberini 8. An der Kreuzung mit den vier Brunnen steht eine kleine, eindrucksvolle Kirche 9. Geh weiter bis zum Platz mit dem Obelisken 10 und rechts in die Via delle Vergini, die zweite Straße links und gleich wieder rechts, dann kommt ein nettes Bistro 11. Zurück auf der Via delle Muratte geht's weiter zum Trevi-Brunnen 12. Dann biegst du links in die Via della Panetteria und rechts in die Via del Tritone, um an einer Ausgrabungsstätte einzukaufen 13. Ein Stückchen zurück und in die Via del Nazareno, links auf den Largo del Nazareno und wieder links in die Via Poli gibt's einen geselligen Kaffee 14. Geh zurück in die Via del Pozzetto, rechts über die Piazza di San Silvestro und in die Via del Gambero. Geradeaus und dann rechts in die Via Borgognona lockt ein gesundes Mittagessen 15, oder links, rechts und wieder links ein Cocktail mit Aussicht 16. Kehr um und flaniere über die schicke Via mit großen italienischen Designern und einer alten Kaffeebar 17 18. Am Ende wartet die Spanische Treppe 19 und leckerer Karottenkuchen 20. Lieber eine schnelle Pasta? Dann biege zweimal links ab 21. Rechts in die Via Mario de' Fiori und links in die Via Vittoria kannst du nett sitzen 22. Folgst du der Via Vittoria, kommst du zurück ins Altertum 23 24. Gehst du dann zweimal rechts, einmal links und wieder rechts, gibt's Kaffee in einem ehemaligen Atelier 25. Biegst du anschließend zweimal rechts ab, kannst du im süßesten Gässchen der Stadt 26 eine Tafel mit einem römischen Sprichwort 27 erstehen. Kehr um und lauf bis zur Kurve am anderen Ende der Straße, dort findest du veggy food & art 28. Um die Ecke in die Via della Fontanella, dann links, rechts und wieder links in die Via di Ripetta gibt's nette Accessoires 29. In die andere Richtung gelangst du zur Auslage des Puppendoktors 30 und einem Glas Wein 31. Spaziere weiter bis zum Platz mit dem Obelisken und dem barocken Stadttor 32. Die Kirche hat eine besondere Geschichte 33. Klettere auf den Hügel und schwelge im Stadtpanorama 34. Im Park Villa Borghese 35 kannst du ins Kino gehen 36, aber auch prächtige Caravaggios und Berninis sehen 37. Lauf wieder hinab und dann links und kröne den Spaziergang mit einem eleganten Getränk 38.

SEHENSWÜRDIGKEITEN

① Ein Großteil der Sammlung des **Palazzo Massimo** befand sich bis ungefähr 1870 unter der Erde. Hier siehst du römische Standbilder, Sarkophage, Fresken und Mosaiken, die während der Bauarbeiten geborgen wurden, die Rom zur Hauptstadt Italiens machen sollten. Anfänglich wurde alle Kunstwerke von einer Fundstelle zusammen ausgestellt; inzwischen ist die Sammlung chronologisch und thematisch geordnet – als ob man durch ein Kunstgeschichtsbuch geht. Der Palazzo ist nach Massimiliano Massimo benannt, dem Priester, der das Gebäude bauen ließ, um dort eine Jesuitenschule einzurichten.

Largo Villa Peretti 2, www.museonazionaleromano.beniculturali.it/palazzo-massimo, Tel. 0639967700, Di–So 9.00–19.45 Uhr, Eintritt 8 € (Kombiticket mit Museo Nazionale Romano), Metro A, B, B1 Termini, Tram 5, 14 Termini

② Die **Piazza della Repubblica** hieß früher Piazza Esedra, nach der großen, halbrunden Nische, die früher Teil der Diokletiansthermen war. Vor mehr als 150 Jahren, ungefähr zur Zeit der Einigung Italiens, baute der Architekt Gaetano Koch den Platz um. Er respektierte dabei die Formen der Antike, wie die beiden neoklassizistischen Kolonnaden zeigen. Die Fontana delle Naiadi („Wassernymphen") ist ein Werk von Alessandro Guerrieri aus dem Jahr 1885.

Piazza della Repubblica, Metro A Republicca, Tram 5, 14 Termini

③ Der gigantische Badehäuserkomplex von Kaiser Diokletian war der größte der Antike. Nach dem Fall des Römischen Reiches und später der Invasion der Goten verfiel die Anlage: Die Umgebung der Thermalbäder war kaum noch bewohnt und es konnte kein Wasser mehr geliefert werden. Mitte des 16. Jahrhunderts sah ein Priester Licht aus den Ruinen aufsteigen, und in dem Licht erschienen sieben Märtyrer. Der Priester sah darin ein Zeichen, dass den Märtyrern hier eine Kirche errichtet werden sollte. Er musste jedoch drei Päpste überleben, bis auch Pius IV. schließlich die Notwendigkeit erkannte. Michelangelo wurde die Ehre zuteil, die **Santa Maria degli Angeli e dei Martiri** zu entwerfen. Er war damals 86 und sollte das Ende der Bauarbeiten leider nicht mehr erleben, er starb zwei Jahre später.

Piazza della Repubblica, www.santamariadegliangeliroma.it, Tel. 064880812, tgl. 7.00–19.30 Uhr, Eintritt frei, Metro A Republicca, Tram 5, 14 Termini

12
CLEMENS XII PONT MAX
AQVAM VIRGINEM
COPIA ET SALVBRITATE COMMENDATAM
CVLTV MAGNIFICO ORNAVIT
ANNO DOMINI MDCCXXXV PONTIF VI

④ Sixtus V. (Papst ab 1585) war ein großer städtebaulicher Erneuerer, er ließ Straßen anlegen, Obelisken ans Ende von Sichtachsen versetzen und Aquädukte aufhübschen. Um die Fertigstellung jedes Viaduktes gebührend zu feiern, musste ein schöner Brunnen aufgestellt werden. Die **Fontana dell'Aqua Felice** war der erste von vielen großartigen, monumentalen Brunnen in Rom. Antike römische Säulen aus den Diokletiansthermen und ägyptische Löwen kamen zum Einsatz. Der Bildhauer Leonardo Sormani musste auch noch den Moses hineinquetschen, der dem Brunnen seinen Spitznamen „hässlicher Moses" eingebracht hat.
Piazza di San Bernardo, Metro A Repubblica

⑤ Der eigentliche Grund für deinen Besuch in der überschwänglich barocken **Santa Maria della Vittoria** ist in der letzten Kapelle links vor dem Hauptaltar zu finden: Berninis Heilige Theresa mit dem Engel, der sie mit einem Speer durchbohrt und ihren Körper vor Verzückung zum Leuchten bringt. Gegenüber von Theresa liegt die Heilige Vittoria, römische Märtyrerin und Namensgeberin der Kirche.
Via Venti Settembre 17, Tel. 063038959, Mo–Sa 8.30–12.00 & 15.30–18.00, So 15.30–18.00 Uhr, Eintritt frei, Metro A Repubblica

(7) Die **Fontana del Tritone** ist eins der Denkmäler, die Bernini für Barberini-Papst Urban VIII. schuf, dem auch der nahegelegene Palazzo Barberini gehörte. Vier Delfine tragen die Muschel, auf der Triton sitzt, und durch eine Trompetenschale spritzt Wasser nach oben. Früher war die Fontäne höher, als sich der Brunnen noch in einem relativ „ländlichen" Teil Roms befand und das Wasser nicht mit der Umgebung teilen musste. Bernini integrierte in seinen Entwurf auch die Bienen aus dem Barberini-Familienwappen.
Piazza Barberini, Metro A Barberini

(8) Die mächtige Familie Barberini kaufte 1625 eine *casina* von der Familie Farnese, die sie ihrerseits von der Familie Della Rovere übernommen hatte. Sie wurde umfassenden baulichen Änderungen unterzogen, die berühmtesten sind die Treppenhäuser von Borromini und Bernini. Im **Palazzo Barberini** siehst du Werke von Cosimo, Tintoretto, Caravaggio – lass dir seinen wunderbaren *Narziss* nicht entgehen –, Reni, Poussin und Van Wittel (auf Italienisch Vanvitteli genannt). Das Schönste aber ist vielleicht Raffaels geliebte *Fornarina*.
Via delle Quattro Fontane 13, www.galleriaborghese.it/it/musei/galleria-nazionale-darte-antica-di-palazzo-barberini, Tel. 0632810, Di–So 9.00–19.00 Uhr, Eintritt 13 €, Metro A Barberini

(9) Die Architektur in Rom ist im Allgemeinen monumentalistisch. Dass größer nicht immer besser ist, beweist diese kleine Kirche, die ihrer geringen Größe wegen auch *San Carlino* genannt wird. **San Carlo Alle Quattro Fontane** wurde vom Stararchitekten Borromini erbaut, der hier alle Register zog, um das kleine Gebäude so imposant wie möglich zu gestalten.
Via delle Quattro Fontane, Tel. 064883261, Mo–Fr 10.00–13.00 & 15.00–18.00, Sa 10.00–13.00, So 12.00–13.00 Uhr, Eintritt frei, Metro A Barberini

(10) Der Quirinale ist mit seinen 61 Metern der höchste der sieben Hügel. Von der **Piazza del Quirinale** hast du eine bezaubernde Aussicht über die Stadt und die Kuppel des Peterdoms. Paus Sixtus V. ließ hier schon im späten 16. Jahrhundert einen Brunnen mit den antiken römischen Statuen der mythischen Zwillinge Castor und Pollux errichten. Papst Pius VI. ließ den Brunnen Ende des 18. Jahrhunderts versetzen und der Zeit anpassen, der ägyptische Obelisk wurde hinzugefügt. Der gewaltige **Palazzo del Quirinale** wurde im 16. Jahrhundert

als Sommerresidenz für den Papst erbaut. Eine Weile diente er als königlicher Palast, seit 1947 ist er die offizielle Residenz des Präsidenten.

Piazza del Quirinale, www.palazzo.quirinale.it, Tel. 0639967557, geöffnet mit Reservierung Jan.–Juli & Sept.–Dez. Di–Mi & Fr–So 9.30–16.00 Uhr, Eintritt 5 €, Metro A Barberini

⑫ Ob der **Trevi-Brunnen** (Fontana di Trevi) nun nach der Jungfrau Trivia benannt ist, die im römischen Altertum Wasserquellen anzeigte, oder nach dem Wort Trivium (nach den drei Straßen, die sich zu diesem Platz öffneten): Tatsache ist, dass du Anita Ekbergs berühmten Brunnensprung aus *La Dolce Vita* nicht mehr nachmachen darfst. Die Tradition, eine Münze über die Schulter zu werfen – Rechtshänder rechts über links, Linkshänder andersrum – damit du wiederkehrst, entstand zweifellos als theatralisch-römische Klage über Steuern, die erhoben wurden, um diese Art Projekte zu renovieren: „Dann kann ich das Geld genauso gut in den Brunnen werfen." Das Aquädukt, das Wasser in den Brunnen leitet, ist das einzige, das seit dem Altertum ununterbrochen in Betrieb ist.

Piazza Fontana di Trevi, Metro A Barberini

⑲ Steige die **Spanische Treppe** hinauf (sitzen ist verboten) und betrachte die zahllosen Taschenverkäufer und fotografierenden Touristen. Die 138 Stufen verbinden die Kirche Trinità dei Monti mit dem Rest der Stadt. Du blickst auf die **Piazza di Spagna**, die ihren Namen dem Palazzo di Spagna aus dem 17. Jahrhundert verdankt, in dem die spanische Botschaft untergebracht war.

Piazza di Spagna, Metro A Spagna

㉓ Wo Julius Cäsar seinen Anspruch auf Alleinherrschaft mit 44 Messerstichen bezahlen musste, ging sein Nachfolger Augustus es klüger an. Augustus wurde Kaiser und Rom die Hauptstadt eines Kaiserreichs, das Augustus in Backstein vorgefunden und in Marmor hinterlassen hat. Eins der megalomanen Bauprojekte war sein eigenes Mausoleum, das später als Festung und Konzertsaal diente. Man baute an und darum herum. Mussolini war ein Fan des alten Roms, und unter der faschistischen Regierung wurde das **Mausoleo di Augusto** wieder freigelegt. Es wurde vor kurzem restauriert und ist wieder in alter Pracht zu besichtigen.

Piazza Augusto Imperatore, www.sovraintendenzaroma.it, Tel. 060608, geöffnet mit Reservierung, Eintritt 4 €, Metro A Spagna

9

37

(24) Für römische Politiker und Kaiser erfüllten die Denkmäler unter anderem die Funktion, die Twitter- und Instagram-Feeds für heutige Politiker haben: *branding*. Bescheidenheit war hierbei nicht unbedingt eine Zier. Auf den Friesen rings um den Friedensaltar **Ara Pacis** paradieren Augustus' Familienmitglieder und andere illustre Figuren (Senatoren, Priester, Götter), um den Frieden und Wohlstand zu feiern, die er Rom gebracht hatte. Teile des Altars wurden nach dem Fall des Reichs geplündert und mussten wieder zusammengesetzt und restauriert werden.

Lungotevere in Augusta/Ecke Via Tomacelli, www.arapacis.it, Tel. 060608, tgl. 9.30–19.30 Uhr, Eintritt 10,50 €, Metro A Spagna

(32) Die Porta del Popolo war jahrhundertelang das wichtigste Zugangstor zur Stadt. Viele Besucher kamen von Norden, so auch die schwedische Königin Christina, die sich zum Christentum bekannt hatte, auf den Thron verzichten musste und den Rest ihres Lebens in Rom verbrachte. Bernini verschönerte das Tor ihr zu Ehren. Der ägyptische Obelisk mitten auf der **Piazza del Popolo** stand erst im Circo Massimo.

Piazza del Popolo, Metro A Flaminio

(33) An der Stelle, wo jetzt die **Santa Maria del Popolo** steht, soll Kaiser Nero Selbstmord begangen haben. Dort wuchs ein Walnussbaum und es spukte. Also gut, dachte ein Papst im elften Jahrhundert: Baum weg, Kirche drauf. Raffael entwarf hier eine Familienkappelle für Agostino Chigi (die zweite Kapelle links). In derselben Kapelle kannst du Berninis *Habakuk und der Engel* bewundern, und links hinten in der Kirche hängen zwei Meisterwerke von Caravaggio, die die Schutzheiligen von Rom zeigen: Petrus und Paulus.

Piazza del Popolo, www.smariadelpopolo.com, Tel. 03923612243, Mo–Do 7.15–12.30 & 16.00–19.00, Fr–Sa 7.30–19.00, So 7.30–13.30 & 16.30–19.30 Uhr, Eintritt frei, Metro A Flaminio

(37) Die **Galleria Borghese** ist in dem stattlichen Gebäude untergebracht, das Kardinal Scipione Borghese errichten ließ. Viele der unfassbar schönen Kunstwerke hier stammen aus seiner Privatsammlung. Es war Borghese, der Bernini seinen ersten großen Auftrag gab: vier riesige Standbilder, die inspirierende Fantasie ausstrahlen sollten; sie sind in der Tat bezaubernd. Die Caravaggios gelangten auf weniger rechtschaffene Art in Borgheses Besitz – er konnte die sechs Gemälde günstig von Giuseppe Cesari, Caravaggios Lehrmeister in Rom, „übernehmen", als dieser aus nebulösen Gründen vom Papst ins Gefängnis geworfen wurde.

Piazzale del Museo Borghese, www.galleriaborghese.it, Tel. 0632810, geöffnet mit Reservierung Di–So 9.00–19.00 Uhr, Einlass alle zwei Stunden, Eintritt 15 €, Metro A Flaminio, Spagna oder Barberini

ESSEN & TRINKEN

(6) Für die angenehmste Kaffeepause in diesem Viertel gehst du ins **Elsa Coffee**, eine „amerikanische" Cafébar. Die Auswahl an Gebäck ist beachtlich: Muffins, Donuts, Waffeln, Plätzchen und Beignets. Bestell deinen Kaffee an der Bar und nimm ihn mit. Dies war eins der wenigen Cafés, die bereits vor Corona das Take-away-Konzept verfolgten, das war hier bis dahin weitgehend unbekannt.

Via Giosuè Carducci 30, fb elsacoffee, Tel. 0642011887, Mo–Sa 7.00–19.00 Uhr, Preis Cappuccino 1 €, Metro A Barberini

⑪ Die internationale Version des Pariser Bistros, das um die Welt gegangen ist, im Herzen Roms, das ist **Baccano**. Auf der Karte stehen italienische und internationale Klassiker. Die Qualität der Zutaten ist stets italienisch gut. Hier kannst du zum Mittagessen, *aperitivo* und Abendessen aufschlagen.

Via delle Muratte 23, www.baccanoroma.com, Tel. 0669941166, tgl. 11.00–2.00 Uhr, Preis 20 €, Metro A Barberini

⑭ Entlang der Terrasse des **Deroma** drehen die Parlamentarier ihre Mittagsrunde, während du authentische römische Pasta um deine Gabel wickelst. Bei Deroma ist man von klassischem römischem Filmglamour inspiriert, den *Dolce Vita*-Jahren, aber auch vom altmodischen Rom der Römer. Wenn du auf dem Weg zum Trevi-Brunnen oder der Spanischen Treppe nur schnell einen Happen auf die Hand möchtest, kannst du etwas in der Bäckerei holen.

Via Poli 27, www.deromamor.com, Tel. 089685899, tgl. 8.00–1.00 Uhr, Preis 14 €, Metro A Barberini

⑮ Willst du nach soviel Carbonara mal ein leichteres Mittagessen, ist **Ginger** die beste Anlaufstelle. Es gibt mehrere Filialen in Rom, alle mit frischem weißem Interieur und einer Karte voller Säfte, Smoothies, Salate und belegter Brötchen.

Via Borgognona 43-46, www.gingersaporiesalute.com, Tel. 0669940836, tgl. 10.00–0.00 Uhr, Preis Salat 12 €, Metro A Spagna

⑯ Auf dem legendären Fendi Palace findest du eine der schönsten Rooftop-Bars der Stadt. **Zuma** ist cool, schick und bietet Ausblick auf die Trinità dei Monti. Eine Etage tiefer gibt's ein gutes japanisches Restaurant. Genieße also zuerst auf der Dachterrasse den Sonnenuntergang bei einem leckeren Cocktail und ein paar Bar-Häppchen, bevor es zu Tisch geht.

Via della Fontanella di Borghese 48, www.zumarestaurant.com, Tel. 0699266622, tgl. 12.00–15.00 & 19.00–23.00 Uhr, Preis 27 €, Glas Wein 12 €, Metro A Spagna

⑱ Das **Antico Caffè Greco**, 1760 von einem griechischen Besitzer eröffnet, ist Roms ältestes Café und das zweitälteste Italiens. Goethe und später Stendhal, Lord Byron und Liszt waren dort Stammgäste. Sitzen ist kostspielig, vielleicht bestellst du lieber an der Theke – andererseits hat das *caffè* es schwer, denn die Miete ist in den letzten Jahren exorbitant gestiegen. Frag in jedem Fall, ob du

BACCANO
Share a glass of wine

28

31
VINI

20
BABINGTON'S
TEA
ROOMS
EST. 1893

28

Bar & Pizza
change

15

eine Runde durchs Lokal drehen darfst: An der Einrichtung hat sich kaum etwas verändert, seitdem Goethe hier seinen Kaffee trank.
Via dei Condotti 86, www.anticocaffegreco.it, Tel. 066791700, tgl. 9.00–21.00 Uhr, Preis Espresso am Tisch 6 €, Metro A Spagna

(20) Es ist nicht billig, aber dafür sitzt du dort, wo auch Elizabeth Taylor, Audrey Hepburn und Federico Fellini gern ein Tässchen tranken. Derzeit hat die vierte Generation in **Babington's Tea Room** das Ruder in der Hand. Nach der Eröffnung Ende des 19. Jahrhunderts war es gleich ein Erfolgsschlager. Rom stand auf dem Pflichtprogramm jedes wohlhabenden jungen Briten auf Grand Tour, und eine gepflegte Tasse Tee nach dem Sightseeing galt keineswegs als Luxus.
Piazza di Spagna 23, www.babingtons.com, Tel. 066786027, tgl. 10.00–21.00 Uhr, Preis Kännchen Tee 11,50 €, High Tea 30 €, Metro A Spagna

(21) Fastfood auf Italienisch: Jeden Tag um die Mittagszeit strömen die Menschen ins **Pastificio Guerra**, einen altmodischen Pastaladen, der in diesem noblen Viertel etwas fehl am Platz erscheint. Nur das Schild draußen mit der Aufschrift „Verkostung" lässt ahnen, was dich erwartet: Um 13.00 Uhr werden zwei große Schüsseln mit dampfender Pasta nach vorn getragen. Entscheide dich schnell, such dir ein Plätzchen, iss zügig auf und dann nichts wie weg.
Via della Croce 8, Tel. 066793102, tgl. 13.00–21.00 Uhr, Preis Pasta 4 €, Metro A Spagna

(22) **La Buvette** ist ein angenehmer Ort für ein Päuschen. Es herrscht Vintage-Atmosphäre mit Holzvertäfelung, Lederbänken und einer Karte mit römischen, italienischen und internationalen Klassikern, gutem Wein und anderen Getränken.
Via Vittoria 44/47, dbs-restaurants.com/la-buvette-roma, Tel. 066790383, Mo–Sa 8.00–23.00, So 9.00–23.00 Uhr, Preis Pasta 13 €, Metro A Spagna

(25) Antonio Canova, zweifellos der größte Bildhauer des italienischen Neoklassizismus, hatte hier sein Atelier. Sein Lehrling Antonio Tadolini übernahm die Räumlichkeiten, seine Familie behielt sie bis in die 1960er-Jahre. Heute kannst du im einstigen Atelier **Canova Tadolini** zwischen den Büsten, Skulpturen und Gipsmodellen wichtiger Werke zu Mittag und zu Abend essen oder einen Kaffee trinken.
Via del Babuino 150a, www.canovatadolini.com, Tel. 0632110702, Öffnungszeiten Bar 8.00–0.00 Uhr, Restaurant 12.00–23.00 Uhr, Preis 20 €, Metro A Spagna

(28) Leichtes, frisches, aber unverkennbar römisches Essen. Immer mehr im Trend, aber **Margutta veggy food & art** macht das schon seit 1979. Alle Gerichte sind vegetarisch, die meisten können auch vegan zubereitet werden. Vieles von dem Gemüse auf deinem Teller wurde auf dem eigenen Acker angebaut.
Via Margutta 118, www.ilmargutta.bio, Tel. 0632650577, tgl. 12.30–15.30 & 19.00–23.30 Uhr, Preis Pasta 12 €, Metro A Flaminio

(30) In der **Enoteca Buccone** biegen sich die Regale an der Wand unter dem Gewicht von Wein und Likör. Setz dich an ein Marmortischchen und bestelle ein Glas und ein paar Häppchen, bevor du anderswo richtig essen gehst.
Via di Ripetta 19, www.enotecabuccone.com, Tel. 063612154, Mo–Fr 9.00–21.30, Sa 8.00–22.30, So 11.00–18.00 Uhr, Preis Glas Wein 6 €, Metro A Flaminio

(38) Das **Colbert** versprüht den Glanz vergangener Zeiten. Du bekommst hier Frühstück, Mittagessen oder ein Getränk auf einer grünen Terrasse mit Blick auf die Spanische Treppe, nachdem du selbst die Treppen der Villa Medici bewältigt hast. Napoleon kaufte die Villa Medici 1803; lange war hier die Französische Akademie untergebracht. Die Küche von Colbert ist römisch, klassisch, mit französischem Einschlag und ohne Firlefanz.
Villa Medici, Viale della Trinità dei Monti, www.caffecolbert.it, Tel. 063311230260, Mo & Mi–So 10.00–19.00 Uhr, Preis Mittagessen 25 €, Metro A Spagna

SHOPPEN

(13) La Rinascente ist ein bekanntes italienisches Kaufhaus. Schon die Dachterrasse des **Rinascente Tritone** lohnt einen Besuch, aber absolut einzigartig sind die Ausgrabungen im Keller. Dort kannst du beim Einkaufen ein Aquädukt aus der Zeit von Kaiser Augustus bewundern – da kann das KaDeWe nicht mithalten.
Via del Tritone 61, www.rinascente.it, Tel. 0691387388, tgl. 10.00–21.00 Uhr, Metro A Barberini

(17) Mit dem Fendi Store im Rücken und der Spanischen Treppe in Sichtweite passierst du auf der **Via dei Condotti** einen Pulk (italienischer) Designer, vor denen du den Hut ziehen musst, wie Gucci, Valentino, Armani und Prada. Neben reichen

25
CANOVA
TADOLINI

11

25

Besuchern hat die Straße auch eine reiche Geschichte. Die Straße kreuzte schon die römische Via Flaminia und verband so den Tiber mit dem Pincio-Hügel.
Via dei Condotti, Metro A Spagna

㉗ Kleine Marmortäfelchen mit römischen Sprüchen und italienischen Sprichwörtern darauf – ein passenderes Souvenir lässt sich schwer auftreiben. Die Täfelchen fertigt der Besitzer von **Il Marmoraro** eigenhändig im Laden an. Sollte also ausgerechnet dein Lieblingsspruch nicht vorrätig sein, kein Problem.
Via Margutta 53b, insta @bottegadelmarmoraro, Tel. 063207660, Mo–Sa 8.00–19.30 Uhr, Metro A Spagna

㉙ Unkonventioneller Luxus, das ist das Motto von **Galleria Mia**. Die Eigentümerinnen suchen Unikate und mixen mühelos modern mit retro. Galleria Mia verkauft limitierte Stücke etablierter Marken sowie Produkte neuer, junger Talente. Sie führen auch Accessoires, die in deinen Koffer passen.
Via di Ripetta 224, www.galleriamia.it, Tel. 0697841892, Di–Sa 10.30–14.00 & 15.30–19.00 Uhr, Metro A Flaminio

FREIZEITTIPPS

(26) Die **Via Margutta** ist eines der beliebtesten Sträßchen Roms. Früher wohnten hier Marmorschnitzer. Später wurde dies die Straße der Bohemiens und Künstler, daran erinnert noch die Fontana delle Arti. Mit dem Erfolg von *Roman Holiday* (*Ein Herz und eine Krone*; „Joe" wohnte hier) begann auch die Erfolgsgeschichte dieser Gasse, in der u. a. Federico Fellini wohnte.

Via Margutta, Metro A Spagna

(30) Beim **Ospedale delle Bambole** hältst du automatisch an, um das Schaufenster zu betrachten. Puppenköpfe, Puppenarme, Körper und Gesichter mit und ohne Augen liegen hinter dem Fenster aufgestapelt. Die verwitterten Fensterrahmen sorgen für eine passende Kulisse. Gruselig und schön zugleich.

Via di Ripetta, 29, Mo–Sa 8.00–13.00 & 15.30–19.00 Uhr, Metro A Flaminio

(34) Über eine Treppe an der Piazza del Popolo steigst du auf den Pincio-Hügel. Oben liegt der **Giardino del Pincio** und beginnt der Park Villa Borghese. Früher befand sich hier ein Landgut, das nach der Plünderung Roms im fünften Jahrhundert von der Familie Pinci gekauft wurde. Von der Terrasse hast du eine wunderbare Aussicht auf die Stadt.

Eingang am Viale Gabriele d'Annunzio/Viale delle Magnolie, Metro A Flaminio

(35) Der Park **Villa Borghese** war im 17. Jahrhundert der Hinterhof des einflussreichen Kardinals Scipione Borghese. Heute ist die Grünanlage mit den hohen Pinien ein Garten für alle Römer und einer der schönsten Parks der Stadt. Du kannst hier spazieren gehen, ein Fahrrad mieten oder auf dem See rudern.

Eingang am Viale San Paolo del Brasile, tgl. Sonnenaufgang bis Sonnenuntergang, Eintritt frei, Metro A Flaminio oder Spagna

(36) 73 Quadratmeter, 63 Sitzplätze, eine große Leinwand und ein Süßwarenkiosk – fertig ist das **Cinema dei Piccoli**. Bei der Eröffnung 1934 wurden in diesem kleinen, hölzernen Kino nur Kinderfilme gezeigt. Inzwischen kannst du abends auch Filme für Erwachsene in der Originalsprache anschauen.

Largo Marcello Mastroianni 15, www.cinemadeipiccoli.it, Tel. 068553485, tgl., Öffnungszeiten s. Website, Preis Mo-Fr 5 €, Sa–So 6 €, Metro A Flaminio oder Spagna

ROUTE 5

CENTRO, GHETTO & AVENTINO

INFOS ZUR ROUTE

Dieser Spaziergang führt dich von Nord nach Süd durchs Zentrum und zu Orten, die du vorher vielleicht noch nicht besichtigen konntest. Du startest im Herzen des Centro Storico (auch das administrative Herz des heutigen Italiens) und bahnst dir via Ghetto di Roma, die kleine Tiberinsel und ein ruhiges Stück Trastevere deinen Weg zum Circo Massimo und dem Hügel Aventino (Aventin).

DIE VIERTEL

Die **Colonna di Marco Aurelio** aus dem zweiten Jahrhundert nach Christus ist längst nicht das Älteste, was dir im historischen **Centro** begegnet. Die barocken Jesuitenkirchen **Sant'Ignazio** und **Il Gesù** konkurrieren um das eindrucksvollste Deckengewölbe von Rom (die Vatikanstadt nicht mitgezählt). Die Tempel auf dem Largo Argentina wurden zur Zeit der Römischen Republik gebaut.

Im **Ghetto** findest du die älteste jüdische Gemeinde Europas. Die ersten Juden ließen sich schon während der Römischen Republik in Rom nieder, in erster Linie *trans tiberim* (Trastevere), am jenseitigen Ufer des Tiber. Gegen 1200 zog die Gemeinde ins heutige Ghetto di Roma, in der Nähe des **Teatro di Marcello**. Papst Paul IV. ordnete 1555 an, dass die Juden im päpstlichen Staat eine abgeschlossene Zone bewohnen mussten. Diese musste hinter Mauern liegen. Zwischen Sonnenuntergang und Sonnenaufgang wurden die Tore geschlossen. Unter verschiedenen Päpsten folgten Perioden mit mehr oder weniger Freiheit, doch bis 1870 waren die jüdischen Römer gezwungen, im *ghetto* zu wohnen. 1888 wurde die Mauer abgerissen. Im Ghetto entwickelte sich eine spezifische römisch-jüdische Küche, deren Gerichte teilweise heute noch gegessen werden.

Über die kleine Insel im Tiber, ein Stück durch Trastevere, am alten römischen Viehmarkt **Foro Boario** vorbei und durch die dank Audrey Hepburn bekannt gewordene **Bocca della Verita** gelangst du zum **Circo Massimo**. Der Legende nach hat Romulus dort den Raub der Sabinerinnen „organisiert". Als Ablenkungsmanöver sollen spektakuläre Pferderennen gedient haben. Während der Römischen Republik wurden hier Holztribünen errichtet, aber unter Julius Cäsar wurde der Zirkus erheblich erweitert. Domitian ließ auf dem Palatino einen Palast bauen, mit Blick auf den Zirkus. Eine noch schönere Aussicht bietet sich vom Rosengarten, und dein Aufstieg auf den **Aventino** wird mit zwei ultimativen Panoramen belohnt, dem schönsten und dem ungewöhnlichsten.

WENIG ZEIT? DAS SIND DIE HIGHLIGHTS:
CHIESA DEL GESÙ + AREA SACRA DELL'ARGENTINA + PIAZZA MATTEI + CIRCO MASSIMO + GIARDINO DEGLI ARANCI

TIPPS

// Toll, wenn du Rom schon ein bisschen kennst // Der Aufstieg wird mit leckerem Essen belohnt! // Sonnenuntergänge im Giardino degli Aranci sind wunderbar

CENTRO, GHETTO & AVENTINO

1. Colonna di Marco Aurelio
2. Gran Caffè La Caffettiera
3. Salotto 42
4. Tazza d'Oro
5. Venchi
6. Armando al Pantheon
7. Sant'Eustachio il Caffè
8. Piazza della Minerva
9. Sant'Ignazio di Loyola
10. Palazzo Doria Pamphilj / Galleria Doria Pamphilj
11. Mercato Plebiscito
12. Fox Gallery
13. Chiesa del Gesù
14. Area Sacra dell'Argentina
15. Fontana delle Tartarughe / Piazza Mattei
16. Le Tartarughe
17. Il Museo del Louvre
18. Beppe e i Suoi Formaggi
19. Open Baladin
20. Ba'ghetto
21. Sinagoga / Museo Ebraico di Roma
22. Teatro di Marcello
23. Isola Tiberina
24. Trattoria Da Enzo al 29
25. L'Ora del Te
26. 404 Name Not Found
27. Foro Boario
28. Bocca della Verità / Santa Maria in Cosmedin
29. Mercato di Campagna Amica
30. Circo Massimo
31. Roseto Comunale
32. Giardino degli Aranci
33. Piazza dei Cavalieri di Malta
34. Tram Depot
35. Felice a Testaccio
36. Da Bucatino

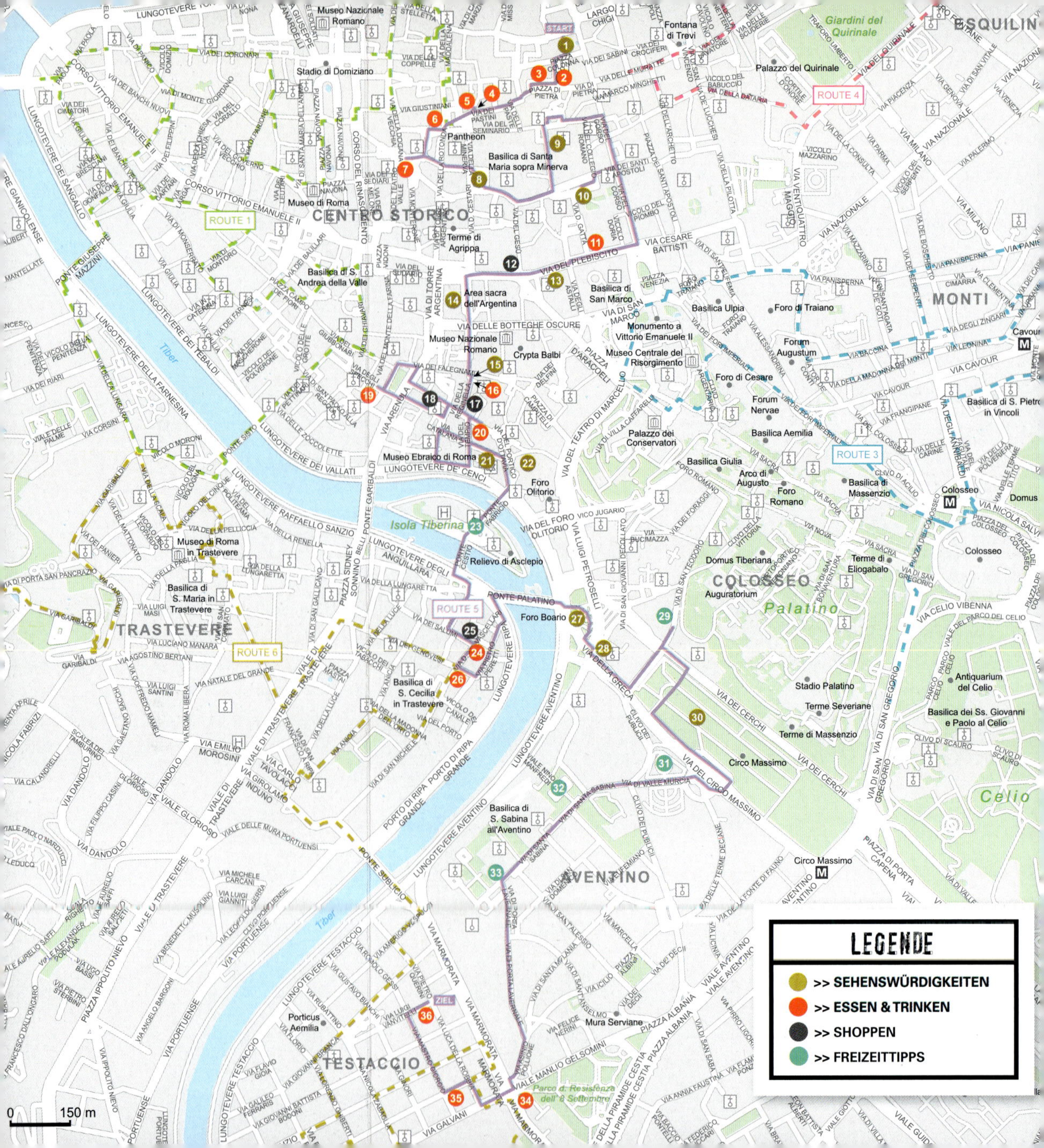

LEGENDE
>> SEHENSWÜRDIGKEITEN
>> ESSEN & TRINKEN
>> SHOPPEN
>> FREIZEITTIPPS
START
ZIEL
ROUTE 1
ROUTE 3
ROUTE 4
ROUTE 5
ROUTE 6
CENTRO STORICO
TRASTEVERE
TESTACCIO
AVENTINO
COLOSSEO
MONTI
ESQUILIN
Palatino
Celio
Isola Tiberina
Tiber
Giardini del Quirinale
Parco d. Resistenza dell' 8 Settembre
Museo Nazionale Romano
Stadio di Domiziano
Fontana di Trevi
Palazzo del Quirinale
Pantheon
Basilica di Santa Maria sopra Minerva
Museo di Roma
Terme di Agrippa
Basilica di S. Andrea della Valle
Area sacra dell'Argentina
Basilica di San Marco
Monumento a Vittorio Emanuele II
Museo Centrale del Risorgimento
Crypta Balbi
Basilica Ulpia
Foro di Traiano
Forum Augustum
Foro di Cesare
Forum Nervae
Basilica Aemilia
Palazzo dei Conservatori
Basilica Giulia
Arco di Augusto
Foro Romano
Basilica di Massenzio
Basilica di S. Pietro in Vincoli
Colosseo
Domus
Museo Ebraico di Roma
Foro Olitorio
Relievo di Asclepio
Museo di Roma in Trastevere
Basilica di S. Maria in Trastevere
Foro Boario
Domus Tiberiana
Augustorium
Terme di Eliogabalo
Basilica di S. Cecilia in Trastevere
Stadio Palatino
Terme Severiane
Terme di Massenzio
Antiquarium del Celio
Basilica dei Ss. Giovanni e Paolo al Celio
Circo Massimo
Basilica di S. Sabina all'Aventino
Mura Serviane
Porticus Aemilia
Cavour
LUNGOTEVERE DEI TEBALDI
LUNGOTEVERE DEI VALLATI
LUNGOTEVERE DEI CENCI
LUNGOTEVERE AVENTINO
LUNGOTEVERE TESTACCIO
LUNGOTEVERE RIPA
LUNGOTEVERE DELLA FARNESINA
LUNGOTEVERE DEI SANGALLO
CORSO VITTORIO EMANUELE II
VIA DEL PLEBISCITO
VIA DELLE BOTTEGHE OSCURE
VIA DEL TEATRO DI MARCELLO
VIA DEI FORI IMPERIALI
VIA CAVOUR
VIA NAZIONALE
VIA DEI CERCHI
VIA DEL CIRCO MASSIMO
VIA DELLA GRECA
VIALE DI TRASTEVERE
VIA MARMORATA
VIALE AVENTINO
VIA DI SAN GREGORIO
VIA CELIO VIBENNA
VIALE MANLIO GELSOMINI
VIA DELLA PIRAMIDE CESTIA
PONTE SISTO
PONTE GARIBALDI
PONTE PALATINO
PONTE SUBLICIO
PONTE GIUSEPPE MAZZINI
VIA GALVANI
0 150 m

BESCHREIBUNG ROUTE 5 (ca. 7,5 km)

Beginne bei der Mark-Aurel-Säule 1 und geh links in die Via dei Bergamaschi zur Piazza di Pietra auf einen Cappuccino 2 oder Spritz 3. Verlass den Platz rechts in die Via dei Pastini. An deren Ende findest du rechts den besten Kaffee 4 und in der Gasse um die Ecke das beste Eis 5. Überquere die Piazza della Rotonda, am Pantheon vorbei. In der Salita de' Crescenzi gibt's traditionelles Essen 6. Biege dann links in die Via di S. Eustachio ab, an der Piazza di S. Eustachio bekommst du noch mehr guten Kaffee 7. Geh zurück und an der Kirche schräg rechts. Spaziere hinter dem Pantheon weiter bis zur Piazza della Minerva 8. Hinter dem kleinen Elefanten nimmst du die Via Santa Caterina da Siena. Biege links in die Via di S. Ignazio und lauf rechts die Piazza Sant'Ignazio hoch zur Kirche 9. Aus der Kirche kommend rechts biegst du rechts in die Via del Corso. Nimm die zweite Straße rechts, um einen Palazzo zu besuchen 10. Folge dann der Via del Corso bis zum Ende und biege rechts ab, um eine Pause einzulegen 11. Weiter die Straße entlang kommst du zu hübschen Souvenirs rechts 12 und der Mutterkirche der Jesuiten links 13. Geh weiter, bis du Ausgrabungen siehst 14, überquere die Via delle Botteghe Oscure; auf der gegenüberliegenden Seite gelangst du ins Ghetto. Erfreu dich an der Piazza Mattei 15 und dem Treiben auf der Terrasse 16. Lauf weiter geradeaus, an den Fotos 17 vorbei, ins Zentrum des Ghettos, die Via del Portico d'Ottavia. Zum Käsekaufen 18 biege rechts in die Via di Santa Maria del Pianto. Umrunde dann den kleinen Park, in der Via degli Specchi kriegst du ein Bier 19. Zurück in der Via del Portico d'Ottavia wartet römisch-jüdische Küche 20. Kehr um und biege links in die Via Elio Toaff zur Synagoge mit dem Jüdischen Museum 21 und bewundere anschließend das Teatro 22. Folge der Kurve nach rechts und überquere den Tiber zu der kleinen Insel 23. Verlasse sie über die andere Brücke und geh nach links, dann rechts in die Via Titta Scarpetta und links in die Via dei Salumi, um köstlich zu essen 24. Nochmal links bekommst du besonderes Teegeschirr 25, rechts lockt eine Terrasse 26. Geh dann links in die Via Augusto Jandolo, wieder links in die Via Pietro Pereti und nimm die erste Brücke zum Foro Boario 27. Versetze dich in Ein Herz und eine Krone 28 und Ben Hur 30 und mach einen Abstecher nach links zum Bauernmarkt 29. Geh zurück über den Circo, wo du rechts vom Rosengarten 31 aus den Aventin besteigst. Vom Orangenhain 32 aus ist die Aussicht noch schöner. Linse durchs Schlüsselloch 33 und spaziere auf der Via di Porta Lavernale wieder nach unten. Erhole dich auf der Terrasse an der Tram 34 und begib dich nach Testaccio, falls du hungrig geworden bist 35 36.

SEHENSWÜRDIGKEITEN

(1) Die Piazza Colonna ist nach der fast dreißig Meter hohen **Colonna di Marco Aurelio**, der Mark-Aurel-Säule, benannt. Die wie ein Fries um die Säule gewundenen Reliefs lesen sich wie ein Comic. Bis ins Detail lassen sich die „Heldentaten" aus den Kriegen, die Mark Aurel im zweiten Jahrhundert führte, verfolgen. Auf der Säule steht seit Ende des 16. Jahrhunderts eine Statue des Apostels Paulus, eines der Schutzheiligen der Stadt. Mit dem Amtssitz des Ministerpräsidenten, Palazzo Chigi, bildet die Piazza das Zentrum der politischen Macht in Italien.
Piazza Colonna, Metro A Barberini, Tram 8 Venezia

(8) Der kleine Elefant auf der **Piazza della Minerva** war nicht Berninis Lieblingswerk. Papst Alexander VII. hatte Sorge, dass er das Gewicht des gerade erst gefundenen Obelisken nicht tragen konnte, und ließ Bernini die Beine immer noch kürzer machen. Bernini versuchte das zu vertuschen, indem er den Elefanten ein wenig „ankleidete", aber das Resultat war nicht das stattliche Symbol für Weisheit, das er sich vorgestellt hatte. Die Römer nannten das Elefantchen spöttisch Schweinchen. Aber *il porcellino* wurde im römischen Dialekt schnell zu *pulcino* – und so kam es, dass du jetzt das „kleine Küken" von Bernini betrachtest.
Piazza della Minerva 42, Tram 8 Venezia oder Arenula/Cairoli

(9) Der Blickfang dieser Kirche ist das Deckenfresko *La gloria di sant'Ignazio*. Umringt von Engeln schwebt **Sant'Ignazio di Loyola**, der Gründer des Jesuitenordens, seiner ewigen Herrlichkeit entgegen. Architektur und Fresko verschmelzen ineinander. Es wird dir nicht entgehen, wie überwältigend die Menge an Fresken, Blattgold und Marmor ist. Doch als man zur Kuppel kam, war das Geld leider aufgebraucht. Andrea Pozzo hatte eine andere Perspektive in petto und löste das Problem, aber lass dich nicht täuschen ...
Piazza di Sant'Ignazio 8, www.chiesasantignazio.it, Tel. 066794406, Mo–Sa 7.30–19.00, So 9.00–19.00 Uhr, Eintritt frei, Tram 8 Venezia

(10) Der **Palazzo Doria Pamphilj** wird schon seit dem 17. Jahrhundert von der Aristokratenfamilie Pamphilj bewohnt. Die Sammlung der **Galleria Doria Pamphilj** zählt zu den wichtigsten Privatkunstsammlungen Italiens. Höhepunkt ist das Porträt des „wahnsinnigen" Pamphilij-Papstes Innozenz X. (du siehst es in seinen

8

15

9

Augen). Die Papst-Büste fertigte Bernini. In diesem Museum lohnt es sich besonders, die Audiotour zu buchen, gesprochen vom derzeitigen Pampilij-Prinzen.
Via del Corso 305, www.doriapamphilj.it, Tel. 066797323, Öffnungszeiten Palazzo tgl. 9.00–19.00 Uhr, Eintritt Museum 12 €, Tram 8 Venezia

⑬ Die **Chiesa del Gesù** wurde zwischen 1568 und 1584 erbaut. Damit dankte Kardinal Farnese dem Jesuitenorden für seinen Kampfeinsatz in der Gegenreformation. Die Renaissance hatte damals ihren Höhepunkt überschritten; der jesuitische Stil gilt als der Übergang zum Barock. Wegen Geldmangels ruhte die Fertigstellung des Innenraums eine Weile, aber das beeindruckende Deckenfresko von Baciccio ist Hochbarock in Reinkultur. Üppig, reich, bewegend und eindrucksvoll: In der Verherrlichung des Namens Jesu werden Ketzer und Heiden kurzerhand aus dem Himmel geworfen.
Piazza del Gesù, www.chiesadelgesu.org, Tel. 06697001, tgl. 7.00–12.30 & 16.00–19.45 Uhr, Eintritt frei, Tram 8 Venezia

⑭ Die Tempel auf der **Area Sacra dell'Argentina** stammen aus der Zeit der Römischen Republik und gehören zu den ältesten in Rom. Sie wurden entdeckt, als dieses Gebiet zu Beginn des 20. Jahrhunderts umgebaut wurde. Es ist ein besonderer Ort, hier befand sich die Curia Pompeia, wo Julius Cäsar ermordet wurde. In einem der Tempel gibt es jetzt ein Katzenheim, das besucht werden kann.
Largo di Torre Argentina, www.romancats.com, Tel. 0668805611, Öffnungszeiten Katzenasyl tgl. 12.00–18.00 Uhr, Spende willkommen, Tram 8 Arenula/Cairoli

⑮ Auf einem der niedlichsten Plätze Roms befindet sich auch der niedlichste Brunnen, der Schildkrötenbrunnen **Fontana delle Tartarughe**. Zu diesem Brunnen auf der **Piazza Mattei** gibt es eine schöne Geschichte: Um den Vater seiner Liebsten zu beeindrucken, ließ ein Mann diesen Brunnen in einer einzigen Nacht bauen. Anschließend ließ er das Fenster, durch das er zusammen mit dem Mädchen den Brunnen betrachtet hatte, zumauern, denn: „Wie wir ihn sahen, sahen nur wir allein ihn." In Wirklichkeit war der Bau dieses Brunnen eine unendliche Geschichte. Der Wasserdruck reichte nicht aus, um die ursprünglich geplanten Delfine schön Wasser spucken zu lassen. Aber ohne Delfine saßen die Jungs da ein bisschen komisch rum. Bernini ließ sich dann die Schildkröten einfallen.
Piazza Mattei, Tram 8 Arenula/Cairoli

(21) Die **Sinagoga** und das **Museo Ebraico di Roma** bilden das Herzstück des jüdischen Viertel in Rom. Die Geschichte des *ghetto* reicht Jahrhunderte zurück, doch diese Synagoge wurde erst Anfang des 20. Jahrhunderts gebaut, nach der Einigung Italiens, nachdem Rom nicht mehr dem Papst gehörte. 1986 besuchte Papst Johannes Paulus II. die Synagoge und das machte Schlagzeilen: Seit den frühen Jahren des Christentums hatte kein einziger Papst eine Synagoge besucht. Im Museum wird anhand von Kleidung, Möbeln, Artefakten, Manuskripten, Inkunabeln, historischen Dokumenten und Kunstwerken die besondere, jahrhundertealte römisch-jüdische Geschichte veranschaulicht.

Lungotevere de' Cenci, www.museoebraico.roma.it, Tel. 066840061, Öffnungszeiten Sommer Mo–Do & So 10.00–18.00, Fr 10.00–16.00, Winter Mo–Do & So 10.00–17.00, Fr 9.00–14.00 Uhr, Eintritt 11 €, Tram 8 Arenula (Ministero Giustizia)

(22) Julius Cäsar begann mit dem Bau des **Teatro di Marcello**, eines der größten Theater im alten Rom, und Augustus beendete ihn gegen 12 n. Chr. Augustus widmete das Theater seinem Neffen Marcellus, der schon in jungen Jahren verstarb. Später wurden auf dem Theater Häuser errichtet, in denen ein paar *lucky few* immer noch wohnen.

Eingang Via Foro Piscario (Via del Portico d'Ottavia) / Via del Teatro di Marcello, www.sovraintendenzaroma.it, Tel. 060608, tgl. Sommer 9.00–19.00, Winter 9.00–18.00 Uhr, Eintritt frei, Tram 8 Arenula/Cairoli

(27) Vom **Foro Boario**, dem Viehmarkt der Antike, sind noch zwei Tempel übrig. Sie datieren aus dem ersten und zweiten Jahrhundert vor Christus und sind gut erhalten, da sie später als Kirche dienten. Der runde Tempel war Hercules Victor gewidmet. Der viereckige, ein typisch römischer Bau mit überdachtem Eingang, dem Flusshafengott Portunus – in der Nähe dieses Tempels lag einer der wichtigsten Tiber-Häfen.

Piazza della Bocca della Verità, tgl. 24 Std., Eintritt frei, Tram 8 Belli

(28) Hoffentlich hast du ein reines Gewissen, andernfalls beißt die **Bocca della Verità** dir die Hand ab. Das behauptet man zumindest: Das Bild – vermutlich ein antiker Kanaldeckel – soll von einem Magier verzaubert worden sein, der die Tugendhaftigkeit verheirateter Frauen prüfen wollte. Bekannt wurde die Bocca erst durch *Ein Herz und eine Krone*, den Film von 1953 mit Audrey Hepburn und Gre-

gory Peck. In einer berühmten Szene steckt Peck seine Hand in die Bocca und tut so, als hätte er sie verloren, zum Entsetzen von Hepburn. Besuche unbedingt auch die Kirche dahinter, **Santa Maria in Cosmedin**, berühmt für den Boden aus dem 12. Jahrhundert, die Fresken und die Mosaikfragmente in der Sakristei.
Piazza della Bocca della Verità, Tel. 060608, Öffnungszeiten Kirche tgl. Sommer 9.30–18.00, Winter 9.30–17.00 Uhr, Eintritt 2 €, Tram 8 Belli

(30) Mit ein bisschen Fantasie kannst du dir heute noch vorstellen, dass der **Circo Massimo** früher einmal der Schauplatz waren, wo Streitwagen wie in Ben Hur herumrasten. Die Rennen wurden von bis zu 300.000 Menschen besucht. Der Kaiser und seine Familie schauten von der kaiserlichen Tribüne aus zu, die mit dem Palast auf dem Palatino verbunden war (wenn er keine Lust hatte hinunterzugehen, konnte er auch von einem Portikus im Palast aus gucken). Heutzutage dient der Circo Massimo als Park; es wird immer noch Sport getrieben, aber auch gefaulenzt.
Via del Circo Massimo, Metro B, B1 Circo Massimo, Tram 3, 8 Aventino/Circo Massimo

2
Gran Caffè
La Caffettiera

4

2
Gran Caffè La Caffettiera

11

7

19

ESSEN & TRINKEN

② Für neapolitanischen Kaffee in Rom musst du an einem Ort anhalten, den viele Leute links liegenlassen: die Piazza di Pietra. Hier, neben dem Hadrianeum, befindet sich **Gran Caffè la Caffetiera**. Es gibt nicht nur viel zu sehen, sondern der Kaffee schmeckt auch noch sehr lecker. Hol dir die Quittung an der Kasse und trinke ihn im Stehen an der Theke.

Piazza di Pietra 65, www.lacaffettieraroma.it, Tel. 066798147, tgl. 7.30–21.00, Preis Kaffee 1 €, Tram 8 Venezia

③ In der Nähe des Pantheons gibt es eine Menge Touristenläden, aber **Salotto 42** gehört nicht dazu. In dieses schöne Lokal gehen auch Römer gern. Es liegt an der bezaubernden Piazza di Pietra, die seltsamerweise von vielen Passanten nur dazu genutzt wird, um so schnell wie möglich vom Trevi zum Pantheon zu gelangen. Aber du kannst hier wunderbar sitzen, Leute beobachten und köstliche Cocktails trinken.

Piazza di Pietra 42, www.salotto42.it, Tel. 066785804, tgl. 10.30–2.00 Uhr, Preis Aperitivo 10 €, Tram 8 Venezia

④ Ohne Übertreibung – **Tazza d'Oro** hat wirklich den besagten goldenen Becher verdient. Das Lokal öffnete 1944 und gilt seither als eine der besten Kaffeebars in Rom. Welche tatsächlich die beste ist, werden wir wohl nicht rausfinden, aber diese Bar liegt um die Ecke vom Pantheon, und dafür gibt's ebenfalls Punkte.

Via degli Orfani 84, www.tazzadorocoffeeshop.com, Tel. 066789792, Mo–Sa 7.00–20.00, So 10.30–19.30 Uhr, Preis Kaffee 1 €, Tram 8 Venezia

⑤ **Venchi** hat mehrere Filialen in Rom; die bei der Fontana di Trevi besitzt einen Schokobrunnen und wird zu Recht als die beste betrachtet. Dass das Eis hausgemacht ist und die Schokolade von Hand, braucht man in Rom natürlich nicht extra erwähnen. Hol dir ein Eis und iss es am Pantheon.

Via degli Orfani 87, www.it.venchi.com, Tel. 0669925423, tgl. 11.00–21.30 Uhr, Preis kleines Eis 3,50 €, Tram 8 Venezia

⑥ Kork an der Wand, eine Buntglastür und eine Speisekarte, die seit Jahrzehnten nicht verändert wurde. **Armando al Pantheon** ist eine Institution für erstklassi-

ges römisches *oldschool*-Dinieren. Auf der Karte stehen traditionelle Gerichte, aber auch Spezialitäten des Hauses wie Perlhuhn mit *porcini* (Steinpilze).
Salita dei Crescenzi 31, www.armandoalpantheon.it, Tel. 0668803034, Mo–Fr 12.30–15.00 & 19.00–23.00, Sa 12.30–15.00 Uhr, Preis Pasta € 12 €, Tram 8 Arenula/Cairoli

⑦ Folgst du dem Geruch nach frischem Kaffee, kommst du zu **Sant'Eustachio il Caffè**. Nach Ansicht vieler Römer ist sie die allerbeste Rösterei, aber um diesen ersten Platz konkurriert man mit Tazza d'Oro. Die Bar existiert schon seit 1938 und röstet sämtliche Kaffeesorten vor Ort über Holz. Der Kaffee wird normalerweise gesüßt; wer ihn ohne Zucker möchte, bittet um einen *non zuccherato*. Der Hirsch aus dem Logo, der auch das Dach der gleichnamigen Kirche am Platz ziert, verweist auf die Bekehrung des Heiligen Eustachius.
Piazza di Sant'Eustachio 82, www.santeustachioilcaffe.it, Tel. 0668802048, Mo–Do & So 7.30–1.00, Fr 7.30–1.30, Sa 7.30–2.00 Uhr, Preis Caffè Zuccherato 1,20 €, Tram 8 Arenula/Cairoli

⑪ **Mercato Plebiscito** ist Bar, Food Court, Geschäft und Restaurant in einem. Hier kannst du einkaufen, verkosten, Pizza essen, an der Theke Kaffee trinken oder ein Eis essen. Passt also immer, und das ist gut so, denn der Mercato befindet sich an einer Stelle, wo du wahrscheinlich echt eine Pause gebrauchen kannst. Ob du nun gerade von den Fori kommst, die Kapitolinischen Museen besucht oder die Via del Corso überlebt hast – dies ist ein guter Ort zum Auftanken.
Via del Plebiscito 104, www.plebiscito.net, tgl. 7.00–23.00 Uhr, Preis Espresso 2 €, Tram 8 Venezia

⑯ **Le Tartarughe** liefert die Aussicht gleich mit, auf die Piazza Mattei mit dem hübschen Schildkrötenbrunnen. Das wäre schon Grund genug, um auf der Terrasse Platz zu nehmen, aber auch das Essen und der Wein schmecken dort gut. Die Speisekarte scheint genau so zusammengestellt, dass man zu jeder Tageszeit exakt das bestellen kann, worauf man Appetit hat.
Piazza Mattei 7/8, fb letartarugheroma, Tel. 0664760520, Di 9.00–18.00, Mi–So 8.30–22.30 Uhr, Preis Mittagessen 10 €, Tram 8 Arenula/Cairoli

⑲ In Rom machen immer mehr Kleinbrauereien mit besonderen Bieren auf. Bei **Open Baladin** stehen rund 140 auf der Karte. Es gibt sowohl italienische als

auch internationale Biere, dazu kommen hausgemachte Pommes und Hamburger. Die Bedienung ist fröhlich und das Publikum entspannt.

Via degli Specchi 6, www.openbaladinroma.it, Tel. 066838989, tgl. 12.00–2.00 Uhr, Preis kleines Bier 5 €, Tram 8 Arenula/Cairoli

(20) Durch die jahrhundertelange Isolation hat sich im Ghetto di Roma eine spezifisch römisch-jüdische Küche entwickelt, deren Gerichte vielfach heute noch gern gegessen werden. Verlasse Rom nicht, ohne *carciofi alla giudia* probiert zu haben. Zu einem Besuch im *ghetto* gehört auch eine koshere Mahlzeit. Die Familie hinter dem **Ba'ghetto** besitzt zwei feine Restaurants in derselben Straße; in einem werden Milchprodukte verwendet (Nummer 2a), im anderen nicht (Nummer 57)

Via del Portico d'Ottavia 2a en 57, www.baghetto.com, Tel. 0668892868, Mo–Do & So 11.00–23.00, Fr 12.00–15.00, Sa 21.30–23.00 Uhr, Preis Pasta 9 €, Tram 8 Arenula/Cairoli

(24) In der **Trattoria Da Enzo al 29** serviert man römische Klassiker wie *amatriciana, gricia, cacio e pepe* und *carbonara*. Da Enzo ist klein, schlicht, stimmungs-

24
Yummmm!

24

voll und rundum gut. Das Restaurant liegt in einem etwas ruhigeren Teil von Trastevere, nah am Tiber, und ist ein altbewährtes Nachbarschaftslokal.
Via dei Vascellari 29, www.daenzoal29.com, Tel. 06 5812260, Mo–Sa 12.30–15.00 & 19.30–23.00 Uhr, Preis Pasta 9 €, Tram 8 Belli

(26) Die Terrasse des **404 Name Not Found** in einer stilleren Ecke von Trastevere ist ideal zum Verschnaufen. Die Speisekarte bietet etwas für jede Tageszeit: morgens einen schönen Cappuccino mit *cornetto*, mittags Pasta oder ein belegtes Brötchen und später einen gepflegten *aperitivo*.
Via dei Genovesi 1, www.404namenotfound.it, Tel. 3270948005, Di–Do & So 6.30–23.00, Fr–Sa 6.30–1.00 Uhr, Preis Aperol Spritz 6 €, Tram 8 Trastevere (Mastai)

(34) In Testaccio, einem der angenehmsten Viertel von Rom, findest du auch eine der angenehmsten Terrassen: **Tram Depot**. Nachbarn kommen auf einen schnellen Kaffee vorbei, den sie draußen an der Theke des umgebauten Straßenbahnwagens trinken. Bestelle *caffè*, *spremuta* oder *spritz* und lass dich ein Weilchen unter den Bäumen nieder. Knapp abseits der Massen, aber mit dem Casino von Rom in Sichtweite als Zeitvertreib.
Via Marmorata 13, fb tramdepotofficial, Mo & Mi–Sa 7.30–2.00, Di 7.30–18.00, So 7.30–17.30 Uhr, Preis Kaffee 1 €, Metro B, B1 Piramide, Tram 3, 8 Marmorata/Galvani

(35) Der Küchenchef von **Felice a Testaccio** kocht jeden Tag ein anderes traditionelles Gericht, z. B. montags Tortellini und freitags Fisch. Die Empfehlungen des Tages stehen auf der Karte, doch auch Standardgerichte wie *involtini in sugo* (Rindfleischröllchen) finden in dem stets gut besuchten Restaurant reißenden Absatz.
Via Mastro Giorgio 29, www.feliceatestaccio.it, Tel. 065746800, tgl. 12.30–15.00 & 19.00–23.30 Uhr, Preis Pasta 10 €, Metro B, B1 Piramide, Tram 3, 8 Marmorata/Galvani

(36) Möchtest du unter Einheimischen essen und Klassiker schlemmen wie *bucatini* – ähnlich wie Spaghetti, nur dicker – *alla amatriciana, tonnarelli cacio e pepe* oder *pasta e ceci*? Dann ab zu **Da Bucatino**. Du kannst sowohl drinnen als auch draußen schön sitzen und das Essen ist wahnsinnig lecker! (Der Hauswein übrigens auch.).
Via Luca della Robbia 84, www.dabucatino.it, Tel. 065746886, tgl. 12.00–15.00 & 19.00–23.55 Uhr, Preis Pasta 13 €, Tram 3, 8 Marmorata/Vanvitelli

SHOPPEN

(12) Die stets freundlichen Betreiber der **Fox Gallery** verkaufen Poster, Karten, Notizbücher und kleine Gemälde. Das Angebot ist umfangreich, deshalb lohnt es sich unbedingt nachzuschauen, ob „dein" Lieblingsbild dabei ist. Du bekommst hier ansprechende und gleichzeitig praktische Souvenirs in Form eines Notizblocks mit einer schönen Ansicht deiner neuen Lieblingsstadt auf dem Cover.

Corso Vittorio Emanuele II 5, www.fox-gallery.scontrinoshop.com, Tel. 0669920768, tgl. 11.00–14.30 & 15.30–19.00 Uhr, Tram 8 Venezia

(17) **Il Museo del Louvre** hat eine Sammlung von rund 30.000 faszinierenden Vintage-Fotos. Einige stammen von bekannten Fotografen oder Agenturen, aber meistens bleibt der Urheber der Familienschnappschüsse, Stadtansichten und Modeaufnahmen anonym.

Via della Reginella 8a, www.ilmuseodellouvre.com, Tel. 0668807725, Mo–Sa 11.00–14.00 & 14.30–19.00 Uhr, Tram 8 Arenula/Cairoli

(18) Bei **Beppe e i Suoi Formaggi** (Beppe und seine Käse) sind Dutzende unterschiedliche Käsesorten in einer langen Vitrine ausgestellt. Hinten im Laden reifen ganze Käselaibe in einem gläsernen Käseklimaschrank. Kaufe ein paar interessante Käse für ein Picknick oder lass dich im Geschäft zu einer Verkostung mit kaltem Büfett und passenden Weinen nieder.

Via Santa Maria del Pianto 9a, www.beppeeisuoiformaggi.it, Tel. 0668192210, Mo–Sa 9.00–23.00 Uhr, Tram 8 Arenula/Cairoli

(25) Italien und Rom sind nicht gerade für Tee bekannt, trotzdem sollte **L'Ora del Te** auf deiner Liste stehen. Was du hier kaufst, wird deine Teepause daheim auf ein höheres Niveau heben. Egal ob du sie à la *Bridgerton* zelebrierst oder lieber etwas moderner hältst. Der Laden ist ein Paradies für Leute, die Vintage und Design, aber auch ein bisschen Humor lieben. Hier gibt es ausgefallenes Geschirr und elegante Einrichtungsgegenstände.

Via dei Vascellari 25, www.loradelte.com, Tel. 065747741, Mo–Sa 10.30–14.00 & 15.30–19.30 Uhr, Tram 8 Belli

18
Beppe

25

12
OH!
RUGGINE
ZEROCALCARE

18
Beppe
E I SUOI FORMAGGI

FREIZEITTIPPS

(23) Im Sommer säumen Stände und Cafés die Ufer des Tiber und der **Isola Tiberina**. Im Fatebenefratelli-Krankenhaus auf der Insel wird selbstverständlich das ganze Jahr über gearbeitet. Der Ponte Fabricio vom Ghetto zur Insel ist die einzige noch intakte altrömische Brücke: sie stammt von 62 v. Chr. Bei **Tiberino** kannst du überraschend gut zu Mittag essen.

Isola Tiberina, Tram 8 Belli

(29) Jedes Wochenende fahren Produzenten und Bauern aus der Umgebung in die Stadt, um in einer Markthalle ihre Waren zu verkaufen. Auf dem **Mercato di Campagna Amica** kannst du ihre Produkte sehen, probieren und kaufen. Hier findest du genügend Leckerbissen für ein umfangreiches Picknick: Gemüse und Obst, Weine, Öl, Honig, Molkereiprodukte, Würste und Schinken.

Via di San Teodoro 74, www.mercatocircomassimo.it, Tel. 06489931, Sa 9.00-18.00, So 9.00–16.00 Uhr, Tram 8 Belli

(31) Der **Roseto Comunale** liegt auf einem ehemaligen jüdischen Friedhof, die Wege sind in Form einer Menora angelegt. Im Mai und Juni, wenn die Rosen blühen, ist der Garten geöffnet. Obwohl die Rosen selbst vielleicht ein wenig enttäuschen – sie sind zahlreich und prächtig, aber das Ganze ist nicht so üppig –, eignet sich der Rosengarten schön für einen Spaziergang mit phänomenaler Aussicht über den Palatin und die Stadt.

Via di Valle Murcia 6, Tel. 065746810, tgl. Mitte April–Mitte Juni 8.30–19.30 Uhr, Eintritt frei, Metro B, B1 Circo Massimo, Tram 3, 8 Aventino/Circo Massimo

(32) Der **Giardino degli Aranci** (Orangengarten) wurde zwischen den mittelalterlichen Mauern einer antiken Festung der Familie Savelli auf dem Aventin angelegt. Er ist einer der schönsten Orte der Stadt. Von der Terrasse am Ende des Gartens hast du eine sagenhafte Aussicht. Besonders am Ende des Tages ist der Ort beliebt. Bring dein eigenes Peroni mit. Besonders begehrt sind natürlich die Plätzchen am Rand!

Piazza Pietro d'Illiria, tgl. von Sonnenaufgang bis Sonnenuntergang, Eintritt frei, Metro B, B1 Circo Massimo, Tram 3, 8 Emporio

(33) Das Schlüsselloch des Cavalieri di Malta wurde durch den Film *La Grande Bellezza* berühmt. Deshalb stehen auf der **Piazza dei Cavalieri di Malta** immer eine Reihe Touristen, die alle durch dieses Schlüsselloch spähen wollen. Stell dich ruhig dazu, die Aussicht ist überraschend. Die Klosterkirche gehört dem Malteserorden, dessen Ritter früher Kreuzzüge unternahmen. Sie haben hier einen souveränen Staat mit eigenem Oberhaupt, Reisepässen und Kfz-Kennzeichen.

Piazza dei Cavalieri di Malta 4, www.orderofmalta.org, Tram 3, 8 Marmorata/Galvani

ROUTE 6

OSTIENSE, TESTACCIO & TRASTEVERE

INFOS ZUR ROUTE

Diese Route führt durch drei besondere Viertel. Trastevere, auf der anderen Seite des Tiber, hatte in der römischen Geschichte immer schon eine Sonderstellung. Das Arbeiterviertel Testaccio aus dem 19. Jahrhundert ist ein Außenseiter innerhalb der Aurelianischen Mauern, und für das Industrieviertel Ostiense hat in den letzten Jahren ein neues Leben begonnen.

DIE VIERTEL

Paint over the cracks steht auf einem berühmten Wandgemälde in der Via dei Magazzini Generali, ein Spruch, der symbolhaft für die Transformation stehen kann, die **Ostiense** seit einiger Zeit durchmacht. Ostiense liegt unmittelbar südlich vom Zentrum und ist ein Viertel, das immer beliebter wird. In den letzten Jahren wurde der Bezirk deutlich aufgemöbelt: Viele nette Restaurants und Bars haben aufgemacht und ein paar große Street-Art-Festivals brachten dem ehemaligen Industrieviertel eine künstlerische Aufwertung. Der Gazometro (der Turm, wo früher täglich der Gasvorrat für Rom aufgefüllt wurde) ist ein Blickfang und das Colosseo Moderno das Wahrzeichen dieses Stadtteils.

Zwischen der Via Marmorata und dem Tiber liegt **Testaccio**. Dieses immer noch ziemlich charakteristische römische Arbeiterviertel unweit vom Zentrum konzentriert sich im wörtlichen und übertragenen Sinn rund um das Schlachthaus – heute das kulturelle Zentrum **Mattatoio di Roma** – und diente ursprünglich als Arbeiterwohnviertel. Seinen Namen erhielt es vom Monte Testaccio. Das Viertel ist einladend und belebt, kennt aber (noch) keine Touristenmassen: Als einziges im Stadtzentrum ist es immer noch eine richtige Wohngegend.

Trastevere ist das Viertel „auf der anderen Seite des Tiber". In manchen Ecken erkennst du noch das mittelalterliche Dorf, das es bis lange nach dem Mittelalter blieb, in anderen Teilen musst du fast über die Leute steigen, so voll ist es.

Es gibt hier nicht mehr viele Original-*Trasteverini*, aber die, die noch übrig sind, sind stolz auf ihr Viertel.

Der Anstieg auf den Gianicolo-Hügel ist etwas mühsam, doch unterwegs gibt es genügend hübsche Flecken zum Ausruhen, und die Aussicht über die Stadt entschädigt reichlich. Nachdem du sie ausgiebig genossen hast, steigst du wieder hinab und gönnst dir einen wohlverdienten *aperitivo*.

WENIG ZEIT? DAS SIND DIE HIGHLIGHTS:
PIRAMIDE DI CAIO CESTIO + MONTE TESTACCIO/JUMPING WOLF + BASILICA DI SANTA MARIA IN TRASTEVERE + TEMPIETTO DEL BRAMANTE + AUSSICHT VOM GIANICOLO-HÜGEL

TIPPS

// Ostiense und Testaccio sind weniger touristisch // Von Ostiense zum Fuß des Gianicolo kannst du die Route prima radeln // Eine abwechslungs-reiche Tour

Take a walk on the wild side

Relax ;-)

OSTIENSE, TESTACCIO & TRASTEVERE

1. Eataly
2. Doppiozeroo
3. Hunting Pollution
4. Porto Fluviale
5. Street-Art in Ostiense
6. Piramide di Caio Cestio
7. Cimitero Acattolico
8. Emporio delle Spezie
9. Volpetti
10. Get Cool Testaccio
11. Osteria degli Amici
12. Monte Testaccio
13. Jumping Wolf
14. Mercato di Testaccio
15. Mattatoio di Roma
16. Trapizzino
17. San Francesco a Ripa
18. Basilica di Santa Cecilia
19. Biscottificio Artigiano Innocenti
20. Ai Marmi
21. Elvis Lives
22. Ivo a Trastevere
23. The Butcher
24. Twice Vintage
25. Samovar
26. Nannarella
27. Bar San Calisto
28. Piazza di Santa Maria in Trastevere
29. Basilica di Santa Maria in Trastevere
30. Piazza de' Renzi
31. Bar del Cinque
32. Santa Maria della Scala
33. Il Baretto
34. Tempietto del Bramante
35. Il Fontanone
36. Piazzale Giuseppe Garibaldi

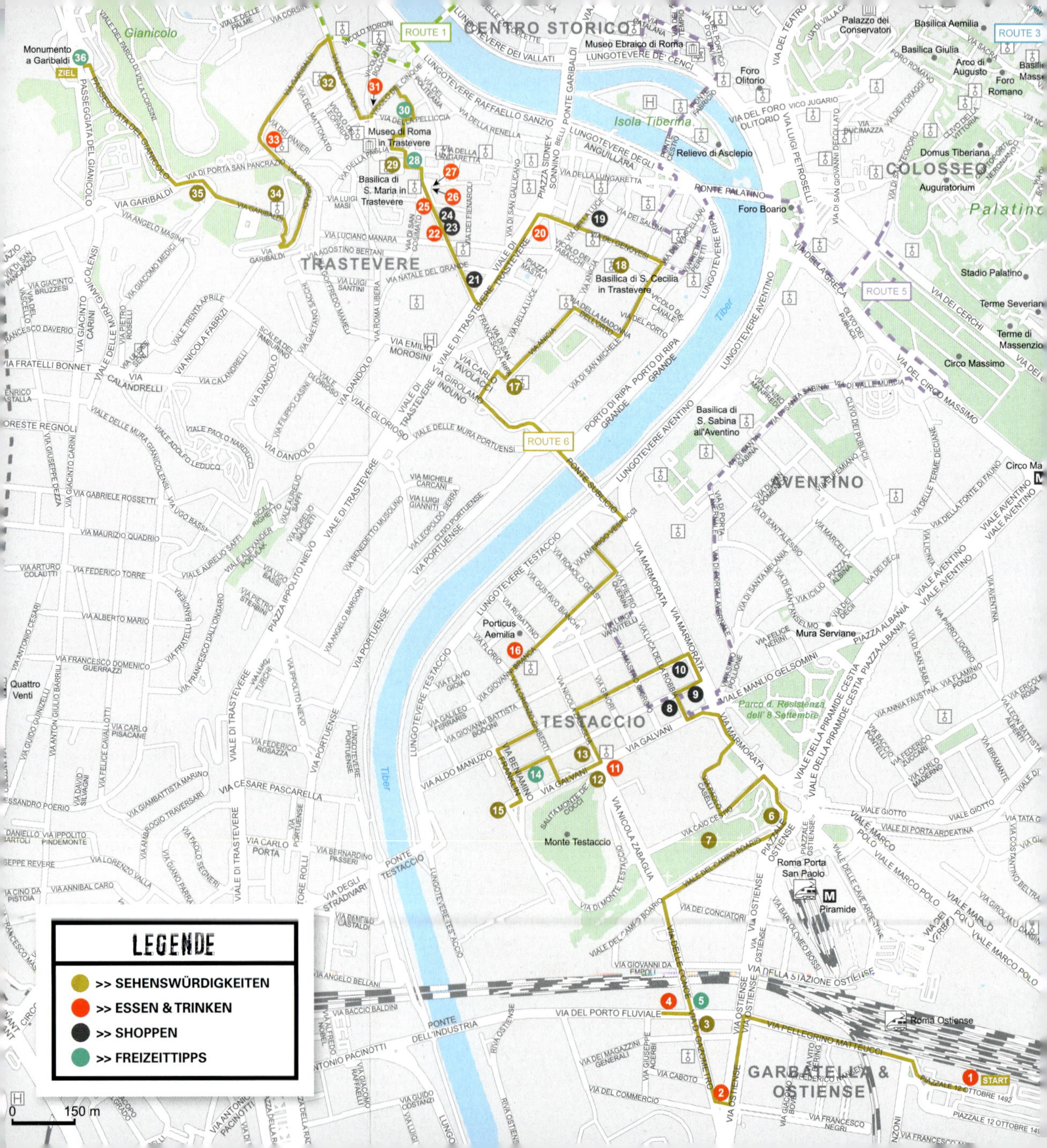

CENTRO STORICO
ROUTE 1
ROUTE 3
ROUTE 5
ROUTE 6
Gianicolo
Monumento a Garibaldi
ZIEL
Museo Ebraico di Roma
Palazzo dei Conservatori
Basilica Aemilia
Basilica Giulia
Arco di Augusto
Foro Romano
Foro Olitorio
Isola Tiberina
Relievo di Asclepio
Museo di Roma in Trastevere
Basilica di S. Maria in Trastevere
Foro Boario
COLOSSEO
Domus Tiberiana
Auguratorium
Palatino
Stadio Palatino
Terme Severiane
Terme di Massenzio
Circo Massimo
TRASTEVERE
Basilica di S. Cecilia in Trastevere
Basilica di S. Sabina all'Aventino
AVENTINO
Tiber
Porticus Aemilia
Mura Serviane
Quattro Venti
TESTACCIO
Parco d. Resistenza dell' 8 Settembre
Monte Testaccio
Roma Porta San Paolo
Piramide
Roma Ostiense
GARBATELLA & OSTIENSE
START
Circo Ma
LEGENDE
>> SEHENSWÜRDIGKEITEN
>> ESSEN & TRINKEN
>> SHOPPEN
>> FREIZEITTIPPS
0
150 m

BESCHREIBUNG ROUTE 6 (ca. 8,3 km)

Beginne beim Esstempel Eataly 1. Geh über Piazzale 12 Ottobre 1492 und Via Pellegrino Matteucci bis zur Via Ostiense und biege links ab. An der nächsten Ecke rechts gibt's *dolci* 2. Lauf über die Via del Gazometro bis zur Kreuzung, wo du rechts einen „Reiher" siehst 3. Links kannst du auf 900 m^2 essen gehen 4. Erkunde das Viertel nach Street-Art 5 und folge dann der Via delle Conce. Verlasse den Kreisverkehr in den Viale del Campo Boari, um zur Pyramide 6 zu gelangen. Spaziere vor dem Stadttor weiter zum Friedhof 7. Folge der Via Caselli und biege links in die Via Marmorata, wieder links in die Via Galvani und rechts in die Via Luca della Robbia ab, dort kriegst du Gewürze 8. An der nächsten Ecke der Via Marmorata kaufst du italienische Leckerbissen 9, in der nächsten Straße links warten neue Klamotten 10. Streife ein Stück durchs belebte Testaccio. Geh links in die Via Zabaglia und in die Osteria 11 gegenüber dem antiken Müllberg 12. Halte Ausschau nach dem Wandgemälde 13, während du mit dem Berg zur Linken weiterwanderst. Lauf rechts die Via Ghiberti hoch, dann links zum *mercato* 14 und einem Industriedenkmal 15. Kehr über die Via Franklin zurück ins Viertel und biege rechts in die Via Manuzio, links in die Via Ghiberti und rechts in die Via Branca auf ein dreieckiges Brötchen 16. Folge der Straße und nimm die vierte links und die erste rechts, um dann links die Brücke zu überqueren. Spaziere an der Porta Portese vorbei rechts in die Via de' Settesoli zur Heiligen Ludovica 17. Geh weiter in die Via della Madonna dell'Orto und dann links in die Via di S. Michele zur Schirmherrin der Musik 18. Nimm danach die erste Straße links; rechts in der Via delle Lucce locken leckere Kekse 19. Folge dann der Via dei Genovesi bis zum Viale di Trastevere auf eine Pizza 20. Biege auf der anderen Straßenseite in die Via di San Francesco a Ripa voller toller Läden und Restaurants 21 22 23 24. Quere die Piazza di San Calisto, deren Terrassen 25 26 27 genügend Auswahl bieten. Schlendere durch die Gasse zu einem der ältesten Brunnen 28 und einer der ältesten Kirchen Roms 29. Lauf ein Stück um die Kirche herum und biege dann rechts ab. Folge dem Vicolo del Piede und schieße auf der Piazza de' Renzi 30 Fotos. Verlasse den Platz auf der anderen Seite und geh ein Stück nach links, rechts passierst du eine fotogene Terrasse 31. Die Via della Scala rechts führt dich zur gleichnamigen Kirche 32. Biege ein Stück weiter links in die Via Garibaldi, auf ihr schraubst du dich den Hügel hinauf 33 34. Hinter dem Brunnen 35 nimmst du rechts die Passeggiata del Gianicolo und beendest die Route bei Garibaldi 36.

SEHENSWÜRDIGKEITEN

③ Dass Rom viel mehr ist als Antike und Barock, wird dir in Ostiense, einem ehemaligen Industrieviertel und heute einer der bekanntesten Street-Art-Bezirke der Stadt, schnell klar, beispielsweise, wenn du dem gigantischen Reiher von lena Cruz begegnest. **Hunting Pollution** ist nicht nur unheimlich schön, sondern auch noch mit spezieller „Airlite"-Farbe gemalt, die der Luftverschmutzung entgegenwirkt. Du darfst den Titel also wörtlich nehmen: Dieser Reiher „futtert" tatsächlich Abgase.
Via del Porto Fluviale, Metro B, B1 Piramide, Tram 3, 8 Porta S. Paolo

⑥ Als Ägypten zum Römischen Reich gehörte – und Julius Cäsar Kleopatra verführte – herrschte in Rom ein wahrer Ägypten-Hype. Eigentlich war alles aus Ägypten *hot*: von nubischen Sklaven bis zu Obelisken und ägyptischen Göttern. Der Edelmann Caio Cestio ging die Sache etwas größer an als der Durchschnittsrömer – er ließ eine Pyramide von 36 Metern Höhe und 30 Metern Breite errichten und sich darin begraben. Was für die Pharaonen gut genug ist ... Als Kaiser Aurelian über zwei Jahrhunderte später eine neue Stadtmauer errichten ließ, wurde die **Piramide di Caio Cestio** darin integriert.
Piazzale Ostiense, www.turismoroma.it/it/node/1070, Tel. 0639967700, Öffnungszeiten 3. und 4. Sonntag im Monat 11.00 Uhr, Eintritt 7,50 €, Metro B, B1 Piramide, Tram 3, 8 Porta S. Paolo

⑦ Nah bei der Aurelianischen Mauer befindet sich der nicht-katholische Friedhof **Cimitero Acattolico**. Ab dem 18. Jahrhundert wurden hier alle Nicht-Katholiken begraben. Sie waren vielfach keine Römer, und auffallend oft handelte es sich um berühmte Persönlichkeiten. Wenn du Prominentengräber sehen möchtest, bist du hier richtig – auf dem hübschen Kirchhof liegen die Dichter John Keats, Percy Shelley sowie Julius, der einzige Sohn von Johann Wolfgang von Goethe.
Via Caio Cestio 6, www.cemeteryrome.it, Tel. 065741900, Mo–Sa 9.00–17.00, So 9.00–13.00 Uhr, Eintritt frei, Metro B, B1 Piramide, Tram 3, 8 Porta S. Paolo

⑫ Rione Testaccio wurde nach dem **Monte Testaccio** benannt, dem Hügel am Rand des Viertels. In der Antike kam ein Großteil der Lebensmittelvorräte am hier gelegenen Flusshafen an. Die Amphoren, in denen Olivenöl abgefüllt gewe-

18

6

3

sen war, wurden zerschlagen und die Scherben ordentlich aufeinandergestapelt. Monte Testaccio ist also keiner der sieben Hügel, sondern eine antike Müllhalde.

Via Nicola Zabaglia 24, Tel. 060608, geöffnet nur für Gruppen und nach Absprache, Eintritt Hügel 4 €, Metro B, B1 Piramide, Pram 3, 8 Marmorata/Galvani

⑬ Der **Jumping Wolf** von ROA ist beinahe 30 Meter hoch und seit 2014 das Wahrzeichen von Testaccio. ROA (geboren in Gent) hinterließ in Städten auf der ganzen Welt riesige Tiere, die aber auch etwas Graziles haben, wie Bleistiftzeichnungen aus einem Bilderbuch. Der Wolf bezieht sich auf die *lupa* aus dem Gründungsmythos der Stadt.

Via Alessandro Volta, Via Lorenzo Ghiberti, Metro B, B1 Piramide, Tram 3, 8 Marmorata/Galvani

⑮ Das **Mattatoio di Roma**, das älteste Schlachthaus Roms in Testaccio, zwischen 1888 und 1891 vom Architekten Gioacchino Ersoch erbaut, ist ein außergewöhnliches und bedeutendes Industriedenkmal. Ab 2006 wurde der Komplex restauriert, jetzt ist er ein Kulturzentrum, wo du Vorführungen und Ausstellungen sehen kannst. Schon das Gelände ist sehenswert, inspiziere jeden verrückten Winkel auf die schönsten Wandbilder.

Piazza Orazio Giustiniani 4, www.mattatoioroma.it, Tel. 06671070400, Di–Fr & So 10.00–20.00, Sa 10.00–22.00 Uhr, Eintritt frei, Tram 3, 8 Marmorata/Galvani

(17) Die **San Francesco a Ripa** besuchst du vor allem, um die Heilige Ludovica von Bernini zu bewundern. In der hintersten Kapelle links liegt sie auf ihrem Sterbebett. Es ist unglaublich, wie Bernini ihr Gewand sich bauschen und bewegen lässt und dennoch suggeriert, dass sich darunter ein Leichnam verbirgt.

Piazza di S. Francesco d'Assisi 88, www.sanfrancescoaripa.it, Tel. 065819020, Mo–Sa 7.00–13.00 & 15.00–20.00, So 7.30–13.00 & 15.00–20.30 Uhr, Eintritt frei, Tram 3, 8 Porta Portese

(18) Die **Basilica di Santa Cecilia** wurde im neunten Jahrhundert an der Stelle erbaut, wo das Haus der Heiligen Cecilia stand, einer überzeugten Christin, die zum Tod in kochendem Wasser verurteilt wurde. Aber Cecilia saß drei Tage im heißen Bad und nichts passierte. Also sollte sie enthauptet werden. Auch das schlug fehl, der Henker brachte sein Werk nicht zu Ende und sie lebte noch drei Tage. Da sie die ganze Zeit unbeirrt weitersang, ist sie jetzt die Schirmherrin der Musik.

Piazza di Santa Cecilia 22, www.benedettinesantacecilia.it, Tel. 0645492739, Mo–Sa 10.00–12.30 & 16.00–18.00 Uhr, Eintritt frei, Tram 3, 8 Porta Portese

(29) Die **Basilica di Santa Maria in Trastevere** ist eine der ältesten Kirchen in Rom, der Grundriss stammt von 340. Die Legende besagt, dass 38 v. Chr. rechts von der Stelle, wo heute der Hauptaltar steht, einen Tag lang eine Ölquelle (*fons olei*) aus dem Boden sprudelte. In Nachhinein betrachtete man dies als Zeichen der bevorstehenden Ankunft von Christus. Das heutige Gebäude stammt aus dem 12. Jahrhundert, genau wie die goldfarbenen Mosaike an der Fassade, auf denen Maria mit Kind zu sehen ist. Die Kirche wurde u. a. mit Material aus den Caracalla-Thermen gebaut, Säulen aus der Antike.

Piazza Santa Maria in Trastevere, Tel. 065814802, tgl. 7.30–21.00 Uhr, Eintritt frei, Tram 8 Belli

(32) Freunde niederländischer Meister müssen die **Santa Maria della Scala** besuchen. In der ersten Kapelle rechts hängt ein Gemälde von Gerrit van Hont-

horst. Van Honthorst ist hier besser bekannt unter dem Namen Gerardo delle Notti. Als einer der Utrechter Caravaggisten war er nämlich ein Meister im Darstellen der dramatischen Hell-Dunkel-Kontraste (*chiaroscuro*).
Piazza della Scala 23, tgl. 10.00–13.00 & 16.00–19.00 Uhr, Eintritt frei, Tram 8 Belli

(34) Der **Tempietto del Bramante** im Innenhof von San Pietro in Montorio ist eine Hommage an Harmonie und Symmetrie. Bramante hielt sich präzise an die Vorschriften von Vitruvius. Der Auftrag kam von König Ferdinand und Königin Isabella von Spanien, im Gedenken an die Kreuzigung von Petrus. Angeblich steht der kleine Tempel genau dort, wo die Kreuzigung stattgefunden hat.
Piazza di San Pietro in Montorio 2, www.sanpietroinmontorio.it, Tel. 065813940, Mo–Fr 8.30–12.00 & 15.00–16.00, Sa–So 8.00–12.00 Uhr, Eintritt frei, Tram 8 Trastevere (Mastai)

(35) **Il Fontanone** spielt eine Glanzrolle in der Eröffnungsszene von Paolo Sorrentinos *La Grande Bellezza*. Der „große Brunnen" heißt offiziell La Fontana dell'Acqua Paola und war die erste *mostra* auf dieser Seite des Tiber. Gegenüber vom Brunnen hast du eine wunderbare Aussicht über die Stadt. Die drei „Fenster" im mittleren Bogen boten früher Blick auf den botanischen Garten dahinter.
Via Garibaldi, Tram 8 Trastevere (Mastai)

ESSEN & TRINKEN

(1) Das **Eataly** ist eine Foody-Sensation, die für viele Römer innerhalb kurzer Zeit zum Begriff geworden ist. Eine ehemalige Bahnhofshalle mit vier Etagen bietet in Restaurants mit jeweils eigenen Spezialitäten das Beste im Bereich Essen: Käse, Fleisch, Pizza, Pasta und frittierte Köstlichkeiten. Entscheide dich, worauf du Appetit hast, und suche dir ein Plätzchen in einem der Restaurants. Man kann auch Lebensmittel kaufen; lass also Platz im Koffer, um Pastateig, Olivenöl oder Gebäck mit nach Hause nehmen zu können.
Piazzale XII Ottobre 1492, www.eataly.it, Tel. 0690279201, tgl. 10.00–0.00 Uhr, unterschiedliche Preise, Metro B, B1 Piramide of Garbatella

13

27
Bar

31

2
doppiozero

1

4
TRATTORIA

27
pincicaffè
CAFFETTERIA
CAFFE € 0,90
" CORRETTO 1,50
" FREDDO 1,20
" HAG 1,00
" ORZO 1,30
" LATTE 1,10
LATTE 0,80
CAPPUCCINO 1,00
CIOCCOLATO 1,80
CAMOMILLA 1,00
THE 1,00
FREDDO 1,40
DIGER 0,50 – VINO 2,50
MINERALE 0,40
BIBITE BICCHIERE 1,00
LIQUORI
NAZIONALI 2,50
ESTERI 3,50
" DI MARCA 4,00
PUNCH 2,50
APERITIVI
SPRITZ 350
ALCOLICI 2,50
ANALCOLICI 1,80
PROSECCO 3,50
BIBITE
COCACOLA € 1,50
BIBITE ASS 1,50
BIRRA NASTRO A 2,50
" ESTERA 3,50
GRANDE 2,50
BUD – BEKS 2,50
SPREMUTE 2,50
GIN E TONIC 4,50
SCIROPPI 1,50
ACE 1,80
SUCCHI FRUTTA 1,50
GELATERIA
DA ASPORTO
1,00 – 1,50 – 2,00
TAVOLO
2,00 – 3,50
AL KG
14,00
TRAMEZZINI 1,80
BRIOCHE 0,90

4
PORTO FLUVIALE

(2) Um die Ecke vom Gazometro findest du **Doppiozeroo**, bei Römern wegen seines Mittags - und *aperitivo*-Büffets beliebt. Freu dich auf Schüsseln mit gegrilltem Gemüse, Pizzastücke, Nudelsalate und vieles mehr. Das Restaurant ist vor allem für seine hausgemachten süßen Teilchen bekannt, die in einem vierzig Jahre alten Steinofen gebacken werden. Am Wochenende gibt es auch Brunch, mit einer großen Auswahl dieser *dolci*.

Via Ostiense 68, doppiozeroo.com, Tel. 0657301961, tgl. 7.00–2.00 Uhr, Preis Pasta 10 €, Metro B, B1 Piramide

(4) Die Geschichte des Industrieviertels Ostiense wird im Industrieschick-Interieur von **Porto Fluviale** lebendig gehalten. Die 900 Quadratmeter dieser Trattoria/Pizzeria/Bar verteilen sich auf vier Zonen: wohin du dich setzt, hängt von der Tageszeit ab und davon, worauf du Lust hast. Besonders beliebt sind Bar und Innenhof. Man muss ein wenig herumsuchen, aber dann sitzt man wunderbar.

Via del Porto Fluviale 22, www.portofluviale.com, Tel. 065743199, tgl. 10.30–2.00 Uhr, Preis Pasta 10 €, Metro B, B1 Piramide

(11) Die **Osteria degli Amici** ist schlicht und traditionell eingerichtet, mit genau der richtigen Dosis Vintage-Details. Doch hierher kommt man nicht wegen der Einrichtung – ihre zahlreichen Freunde verdankt diese Osteria dem Essen, das ist hier einfach unheimlich gut! Also vorsichtshalber reservieren, wenn du traditionell, aber doch einen Tick besonders essen möchtest.

Via Nicola Zabaglia 25, www.osteriadegliamiciroma.it, Tel. 065781466, Mo & Mi–So 12.30–15.00 & 20.00–0.00 Uhr, Preis Pasta 10 €, Metro B, B1 Piramide, Tram 3, 8 Marmorata/Galvani

(16) Pizza trifft *tramezzino* (ein dreieckiges Sandwich) und wird zum **Trapizzino**. Diese römischen Brötchen werden aus Pizzateig hergestellt und erhalten eine Füllung auf Basis klassischer Rezepte wie *polpotte* (Hackfleischbällchen) und *parmigiana*. Eine gelungene Mischung aus Tradition und Streetfood.

Via Giovanni Branca 88, www.trapizzino.it, Mo–Do 11.00–1.00, Fr–Sa 11.00–2.00, So 12.00–1.00 Uhr, Preis Trapizzino 3,50 €, Tram 3, 8 Emporio

(20) **Ai Marmi** eignet sich nicht gerade für ein romantisches Dinner: auf der belebten Straße warten Reihen hungriger Gäste auf einen freien Tisch. Die

Tischchen sind aus weißem Marmor, weshalb diese Pizzeria im Volksmund auch *l'obitorio* (die Leichenhalle) heißt. Es ist hektisch und laut und die Bedienung hat es eilig, aber das hat seinen eigenen Charme.

Viale di Trastevere 53-55, fb aimarmi, Tel. 065800919, Mo–Di & Do–So 18.30– 2.20, Preis Pizza 7 €, Tram 8 Trastevere (Mastai)

(22) In Rom kannst du unglaublich gut essen in Restaurants, die nicht gerade für ihre geschmackvolle Einrichtung auffallen (außer du hast einen ganz speziellen Geschmack). Eins davon ist **Ivo a Trastevere**. Immer voll besetzt mit Leuten aus der Nachbarschaft und Römern von weiter weg, weil sie alle der Ansicht sind, dass die Pizza bei Ivo am besten schmeckt. Trink ein Bierchen dazu, wenn du nicht gleich auffallen willst.

Via di S. Francesco a Ripa 158, www.ivoatrastevere.it, Tel. 065817082, Mo & Mi–Sa 18.00–0.30, So 12.00–15.00, Preis Pizza 7 €, Tram 8 Trastevere (Mastai)

(25) Unter den vielen Restaurants und Bars auszuwählen, die Trastevere zu bieten hat, ist schwierig, aber mit **Samovar** liegt man eigentlich immer richtig. Du findest diese kleine, aber feine Bar an der Piazza San Callisto. Sie ist einer dieser Orte, an denen man sich gleich zu Hause fühlt. Bestelle einen Kaffee, ein gutes Glas Wein oder einen *spritz* beim stets freundlichen Personal. Am Dienstagabend gibt's hier (meistens) Live-Musik, aber auch ohne bietet der Platz genügend Unterhaltung.

Piazza di S. Calisto 15, fb samovartrastevere, Tel. 065812010, tgl. 12.00–2.00 Uhr, Preis Glas Wein 5 €, Tram 8 Trastevere (Mastai)

(26) Die (in mehrerer Hinsicht) beste Terrasse der Piazza di San Calisto ist die von **Nannarella**. Sie ist immer ziemlich voll. Willst du am Freitagabend hier zu Abend oder am Sonntag zu Mittag essen, dann sorgt der Platz für Unterhaltung, während du auf deinen Tisch wartest. Regelmäßig spielen Straßenmusiker und die Herren, die beim Karten- oder Schachspielen sind, sorgen ebenfalls für Kurzweil, wenn man sie unauffällig beobachtet. Du bekommst hier köstliche Pasta und andere Gerichte nach traditioneller Machart, beispielsweise *tonnarella cacio e pepe*, Spaghetti-ähnliche Nudeln, die in Rom erfunden wurden.

Piazza di S. Calisto 5, www.nannarellaroma.it, Tel. 065815378, tgl. 8.00–1.00 Uhr, Preis Pasta 9 €, Tram 8 Trastevere (Mastai)

(27) Die **Bar San Calisto** ist ein fester Begriff in Rom. Tagsüber ist die Terrasse der ideale Ort für eine Tasse Kaffee. Abends holst du dir hier ein Getränk und genießt es zusammen mit der Live-Musik im Stehen auf dem Platz.
Piazza di S. Calisto 3, insta @barsancalisto, Tel. 065835869, tgl. 7.00–1.00 Uhr, Preis Kaffee 0,90 €, Tram 8 Trastevere (Mastai)

(31) Die kleine hübsche Terrasse der **Bar del Cinque** ist wahrscheinlich die fotogenste von Trastevere. Der Kaffee ist für römische Begriffe nicht billig, aber bestell ruhig einen Cappuccino: noch sind die Preise nicht so hoch wie zu Hause.
Vicolo del Cinque 5, fb bardelcinque, Tel. 065809908, Mo–Sa 7.00–2.00, So 18.00–2.00 Uhr, Preis Cappuccino 2,50 €, Tram 8 Belli

(33) Die Via Garibaldi schlängelt sich im Zickzack den Gianicolo-Hügel hoch. Hier versteckt sich die Loungebar **Il Baretto**, eine echte Überraschung mit überdachter Terrasse. Man kann dort den ganzen Tag einkehren, abends gibt's auch Musik.
Via Garibaldi 27, www.ilbarettoroma.com, Tel. 065896055, tgl. 7.00–2.00 Uhr, Preis Cocktail 10 €, Tram 3, 8 Trastevere/Bernard. da Feltre

19

10

19
The best hidden shops

SHOPPEN

(8) In diesem flächenmäßig eher bescheidenen Laden sind fast alle Kräuter und Gewürze zu haben, die du dir vorstellen kannst – **Emporio delle Spezie** ist ein wahres Reich der Spezereien.

Via Luca della Robbia 20, www.emporiodellespezie.it, Tel. 03278612655, Mo–Sa 9.00–13.30 & 16.00–20.00, Metro B, B1 Piramide, Tram 3, 8 Marmorata/Galvani

(9) Die beiden Brüder **Volpetti** stopfen schon seit 1973 ihren Laden auf charmante Art mit italienischen Köstlichkeiten voll. Das Angebot ist enorm und die Qualität fantastisch, viel Lokales und mit Gütesiegel. Decke dich ordentlich mit Leckereien für ein schmackhaftes Picknick ein. Jetzt schon hungrig? In der Seitenstraße um die Ecke kannst du in der *tavola calda* auf einen Teller Pasta einkehren.

Via Marmorata 47, www.volpetti.com, Tel. 063755130898, Mo–Fr 8.30–14.00 & 16.30–20.15, Sa 8.30–20.30 Uhr, Metro B, B1 Piramide, Tram 3, 8 Marmorata/Galvani

(10) Ein tolles Geschäft mit freundlichen Mitarbeitern und coolem Angebot. Wenn du neue Klamotten tragen, aber nicht so aussehen möchtest, als würdest du neue Klamotten tragen, bist du an der richtigen Adresse. Hier wird schöne, qualitativ hochwertige Damenbekleidung verkauft, schon speziell, aber nie aufdringlich, es handelt sich schließlich um **Get Cool Testaccio**.

Via Aldo Manuzio 14, insta @getcooltestaccio, Tel. 0645425546, Mo–Di & Do–Sa 10.00–14.00 & 15.45–20.00, Mi 10.00–20.00 Uhr, Metro B, B1 Piramide, Tram 3, 8 Marmorata/Galvani

(19) In dem kleinen, charmanten Laden **Biscottificio Artigiano Innocenti**, knapp abseits der Trastevere-Massen, gibt's die leckersten Kekse zu kaufen. Fotogen sind sie obendrein (sowohl Kekse als auch Geschäft), das ist ja auch wichtig. Nimm dir welche zum Kaffee mit nach Hause.

Via della Luce 21, biscottificioartigianoinnocenti.wordpress.com, Tel. 065803926, Mo–Sa 8.00–19.30, So 8.00–14.00 Uhr, Tram 8 Belli

(21) **Elvis Lives**, ein bisschen Rock 'n' Roll in Trastevere. Musikliebhaber dürfen diesen Laden nicht übergehen. Das Sortiment umfasst schöne Kopfhörer und

Plattenspieler, Alben von den Beatles, Ramones, Stones und White Stripes. Du findest hier auch viel Vintage-inspirierte bedruckte Shirts; Polaroidkameras, Taschen und Schmuck für diejenigen, die Rock & Rome kombinieren möchten.
Via di S. Francesco a Ripa 27, www.elvislives.scontrinoshop.com, Tel. 0645509542, Mo–Sa 11.00–14.00 & 16.00–19.00 Uhr, Tram 8 Trastevere (Mastai)

(23) **The Butcher** ist so ein Geschäft, an dem man fast vorbeigeht, aber innerlich „oh" sagt, wenn man das Schaufenster sieht, und dann sehr froh ist, dass man hineingegangen ist. Hier haben sie Kleidung, die ist schön, cool und *understated.* Auch praktisch, aber ästhetisch vertretbar. Es sind – besonders für Frauen – auch etwas auffälligere Stücke dabei, aber nichts, was *too much* ist. Also Sachen, die du gern lange tragen wirst, ausgesprochen nachhaltig.
Via di S. Francesco a Ripa 16, insta @the_butcher_clothing, Tel. 0658320376, Mo–Sa 10.00–19.30, Tram 8 Trastevere (Mastai)

(24) Einmal die Augen reiben und los geht's – du musst nämlich einen Haufen Secondhandstücke durchforsten, bevor du dein Juwel findest. **Twice Vintage** hat eine ziemlich große Auswahl ansprechender Kleidungsstücke aus den 20er- bis 90er-Jahren. Hier ergatterst du Jeansjacken, Vans, viele sportliche Teile, Taschen, Schuhe und Halstücher.
Via di S. Francesco a Ripa 7, www.twicevintage.com, Tel. 065816859, tgl. 11.00–20.30 Uhr, Tram 8 Trastevere (Mastai)

FREIZEITTIPPS

(5) Dass du im ehemaligen Industrieviertel **Ostiense** jetzt soviel tolle **Street-Art** genießen kannst, ist unter anderem einem Street-Art-Festival zu verdanken, das 2010 hier abgehalten wurde. Viele große Künstler haben damals ihre Werke an den Mauern hinterlassen, so auch in der Via dei Magazzini Generali. JB Rock schuf hier seine Wall of Fame: eine Art roter Teppich als Hintergrund für Ikonen von gestern und heute. An der Via delle Conce malte Herbert Baglione ein außerirdisches Neo-Art-nouveau-Werk mit surrealistischen Frauen ohne Gesicht.
Via del Porto Fluviale, Via delle Conce, Via dei Magazzini Generali, Metro B, B1 Piramide

5

14
€2,50
KG

14
2.50
RUMMO
DA ANGUILLARA
CREMA DI

5

30
La Tavernetta 29
a Trastevere
La Tavernetta 29
a Trastevere

28

(14) Seit einigen Jahren hat der **Mercato di Testaccio** einen neuen Standort und damit einen völlig neuen Look. An den weißen „Boxen" der verschiedenen Marktstände gibt es alles: Obst, Gemüse, Fleisch, Backwaren, Blumen und Kleidung. Wenn du das Flair des Viertels spüren möchtest, musst du über diesen Markt schlendern.
Via Beniamino Franklin, Mo–Sa 6.00–14.00 Uhr, Tram 3, 8 Marmorata/Galvani

(28) Die **Piazza di Santa Maria in Trastevere** bildet das Zentrum des Viertels. Rings um den ältesten Brunnen Roms – hier stand schon im achten Jahrhundert einer – sitzen immer Leute. Natürlich wurde der Brunnen im Lauf der Jahrhunderte auch mal renoviert; was du heute siehst, ist ein Entwurf des Renaissance-Architekten Donato Bramante. Bernini und (*nomen est omen*) Carlo Fontana haben später noch ein paar Details hinzugefügt.
Piazza di Santa Maria in Trastevere, Tram 8 Belli

(30) Die geselligen Terrassen unter den schönen Bäumen an der **Piazza de' Renzi** sind immer voll. Alle sind absolut postkartenreif und haben gutes Essen: setz dich einfach irgendwo hin, hier kann kaum etwas schiefgehen!
Piazzza de' Renzi, Tram 8 Belli

(36) Eine der wichtigsten Persönlichkeiten im Kampf um die Einheit Italiens war Garibaldi. Rom war die letzte Stadt, die 1870 erobert wurde: das *risorgimento* war vollendet. Sein Denkmal **Piazzale Giuseppe Garibaldi** zeigt verschiedene Szenen mit Bezug auf den Kampf um die Einheit. 1847 beschloss Papst Pius IX., dass hier jeden Tag Punkt 12.00 Uhr ein Kanonenschuss abgefeuert werden sollte, um die Uhrzeit zu verkünden. Er hatte genug von den Kirchenglocken, die nie wirklich gleichzeitig schlugen. Eigentlich kommst du aber wegen der Aussicht hierher.
Piazzale Giuseppe Garibaldi, Tram 8 Trastevere (Mastai)

WAS ES SONST NOCH GIBT

Wenn du den in diesem Buch beschriebenen Touren folgst, kommst du an den bedeutendsten Sehenswürdigkeiten vorbei. Doch gibt es sicher Orte, die nicht in den Spaziergängen enthalten sind und dennoch einen Besuch lohnen. Diese sind hier kurz aufgeführt. Achtung: Manche sind vom Zentrum aus schlecht zu Fuß zu erreichen, doch mit dem öffentlichen Nahverkehr gelangst du gut dorthin.

Ⓐ Um ein passendes Haus für Kunst des 21. Jahrhunderts zu schaffen, entwarf die Top-Architektin Zaha Hadid ein Gebäude aus riesigen Betonteilen, die organisch ineinanderzufließen scheinen. Zusammen mit dem Auditorium von Renzo Piano und der Fußgängerbrücke von Buro Happold durchschneidet jetzt eine „Achse" moderner Architektur die Altstadt. 2010 öffnete das **Museo MAXXI** seine Pforten; seine Sammlung gibt einen guten Überblick über die italienische Kunst des 21. Jahrhunderts im internationalen Kontext. Das Viertel Flaminio, in dem sich das Museum befindet, lohnt auf jeden Fall einen Erkundungsspaziergang. Geh beispielsweise zum Mittagessen ins **20MQ Design & Caffè** (Via Flaminia 314C) und ergattere ein hübsches Mitbringsel für daheim.
Via Guido Reni 4a, www.maxxi.art, Tel. 063201954, Di–Fr 11.00–19.00 Uhr, Eintritt 13,50 €, Tram 2 Flaminia/Reni, Bus 910 Flaminia/Reni, 168, 910 De Courbertin/Palazzetto Sport

Ⓑ Römische Kunst in einem Elektrizitätswerk, mitten im Viertel Ostiense: Die Centrale wurde Anfang des letzten Jahrhunderts von Ingenieur Giovanni Montemartini entworfen und war bis in die 1960er-Jahre in Betrieb. Heute bilden die Maschinen einen wunderbaren Hintergrund für antike Statuen aus den Kapitolinischen Museen. Die **Centrale Montemartini** eröffnete 1997. Die Ausstellung sollte nur vorübergehend sein, war jedoch ein solcher Erfolg, dass man beschloss, den Standort als Zweigstelle beizubehalten. Wenn du den Massen entgehen, aber erstklassige Werke betrachten möchtest, musst du hierher kommen.
Via Ostiense 106, www.centralemontemartini.org, Tel. 060608, Di–So 9.00–19.00 Uhr, Eintritt 10 €, Metro B Garbatella, Bus 792 Ostiense/Garbatella

Ⓒ Die Historie der **Galleria Nazionale d'Arte Moderna e Contemporanea (GNAM)** ist mit der Geschichte des Risorgimento verwoben. Das Museum wurde 1883 gegründet, um die zeitgenössische Kunst des neuen, vereinten

B

Italiens zu präsentieren. Der Entwurf für das heutige Gebäude stammt von dem Zivilingenieur und Architekten Cesare Bazzani. Er schuf dieses neoklassische Palais für die internationale Kunstausstellung 1911 (das Jahr, in dem auch fünfzig Jahre italienische Einheit gefeiert wurden). Wichtige Werke des Museums sind Michelle Cammaranos *Schlacht bei Dogali* (1887), Canovas *Hercules und Lichas* (1795–1815) und Pino Pascalis *32 mq di mare circa* (1967).

Via delle Belle Arti 131, www.gnam.beniculturali.it, Tel. 0668802323, Di–So 8.30–19.30 Uhr, Eintritt 10 €, Metro A Flaminio, Tram 3 Galleria Arte Moderna

Ⓓ In den 1940er-Jahren verlegte man den Flohmarkt vom Campo de'Fiori an die **Porta Portese**. Dieser Sonntagsmarkt wurde schnell der beliebteste und blieb es bis heute. Hier findest du alles: Möbel, Lampen, Gemälde und Bilder aller Epochen, Bettwäsche, neue und gebrauchte Kleidung, Vinyl, Bücher, Poster, historische Zeitungen, Trikots der römischen Fußballclubs, Koffer, Schuhe, Uhren, Muscheln ...

Via Portuense (Eingänge u. a. an der Piazza di Porta Portese und Piazza Ippolito Nievo), So 7.00–14.00 Uhr, Tram 3 Porta Portese

Ⓔ Der **Ponte Milvio** ist eine der ältesten Brücken Roms. Er war Teil der Via Flaminia und Kaiser Konstantin besiegte hier seinen Mit-Kaiser Maxentius. Das gleichnamige Viertel ist total angesagt, die Bars, Terrassen und Restaurants wimmeln von hippen Römern. Natürlich kann man überall in der Stadt prima Pasta und tolle Pizza essen, aber wenn du mal Appetit auf etwas anderes hast, wie Sushi oder Tapas, kommst du unweigerlich in dieses Viertel. **Il Chioschetto** ist ein populärer Ort, um sich mit Blick auf die Brücke einen *caffè* oder *spritz* zu genehmigen.

Ponte Milvio, Bus 53, 201, C3, n201 Ponte Milvio

Ⓕ Die **Via Appia Antica** war eine der bedeutendsten Straßen des Römischen Reichs und ist auf jeden Fall die berühmteste. Eine wichtige Zugangsstraße, die Rom mit Brindisi verband, schön zum Wandern oder Rad fahren – man ist schnell dort, hat aber trotzdem das Gefühl, außerhalb der Stadt zu sein. An der Via Appia Antica liegen die ältesten christlichen Katakomben, Gräber römischer Adeliger und Ruinen antiker Villen. Besuche die Katakombe von San Calisto, die von San Sebastian und das Grab von Cecilia.

Die Via Appia Antica beginnt bei der Porta San Sebastiano, www.parcoappiaantica.it, Tel. 0651263144

Ⓖ Als zu Beginn des 20. Jahrhunderts ein enormer Baueifer einsetzte, um aus Rom eine Hauptstadt zu machen, und Bezirke wie Prati (um 1910) und Garbatella (1920er-Jahre) aus dem Boden gestampft wurden, erhielt der Architekt Gino Coppedè praktisch freie Hand bei der Planung seines **Quartiere Coppedè**. Er entwarf ein mittelalterliches Märchen und mixte Liberty-Stil (Jugendstil) mit neugotischen, griechischen und Barock-Einflüssen. In der Fontana delle Rane (Froschbrunnen) sind damals die Beatles nach ihrem einzigen Konzert in Rom „geschwommen".

Piazza Mincio, Tram 3, 19, Bus 63, 83, 93 Buenos Aires

Ⓗ **Il Pigneto**, wo sich einst Villen und Landgüter befanden, wurde gegen Anfang des 20. Jahrhunderts als Wohnviertel erschlossen. Ein Viertel, in dem Fabrikarbeiter und Einwanderer wohnten, später folgten die Bohemiens und dann (natürlich) die Hipster. Pigneto ist (mit der U-Bahn) rund zwanzig Minuten vom Zentrum entfernt und fühlt sich ganz anders an. Keine schmalen Gassen mit *sampietrini,* sondern neue Gebäude, wenig Touristen, nette Kneipen und viel schöne Straßenkunst. In der Via del Pigneto liegt eine tolle Bar neben der anderen gemütlichen Terrasse. Wenn dir die Wahl schwerfällt, setz dich in den Garten von **Necci** und lass dir ein leckeres *cornetto* schmecken.

Via Fanfulla da Lodi 68, www.necci1924.com, Tel. 0697601552, tgl. 8.00–2.00 Uhr, Preis kleines Bier 5 €, Metro C Pigneto

Ⓘ **Villa Pamphilj** ist der größte Park der Stadt, und die Römer nehmen ihn dankbar an. Sie gehen hier joggen, spazieren, treiben Sport und picknicken. Der Park ist mit Brunnen, Statuen und Denkmälern übersät. Mittagessen kannst du im **Vivi Bistro**, unweit der Via Leone VIII. Eine der schönsten Ecken ist Casino del Bel Respiro, an der Ostseite des Parks. Ein offenes Geheimnis über diesen Ort: 1644 ließ Pamhilj-Papst Innozenz X. einen anderthalb Kilometer langen Tunnel von hier zum Vatikan anlegen, der auch späteren Päpsten als Fluchtweg diente. Die palladianische Villa ist zurzeit in Staatsbesitz und wird bei Staatsbesuchen genutzt.

Via Aurelia Antica, Via di San Pancrazio, www.villapamphili.it, März & Sept. 7.00–20.00, April–Aug. 7.00–21.00, Okt.–Febr. 7.00–18.00 Uhr, Eintritt frei, Bus 115, 710, 870 Carini/S. Pancrazio

Ⓙ Mit dem durchgehenden Zug ab Trastevere bist du nach vierzig Minuten in Anguillara. Von hier ist es eine kurze Taxifahrt bis zum **Lago di Bracciano**, dem idealen Ort, um einen Tag auszuspannen. Römer verlassen gern die überfüllte Stadt, um sich an dem See in einem alten Vulkankrater abzukühlen.

Lago di Bracciano, www.turismobracciano.com, Zug nach Anguillara, dann Taxi (ca. 8 km

Ⓚ Der Rom am nächsten gelegene Strand ist Lido di Ostia, aber mit dem Zug erreichst du auch schnell Badeorte wie **Santa Marinella** und **Santa Severa**. Vom Roma Termini bist du in einer Stunde an der Stazione di Santa Severa. In Italien ist es üblich, dass man bei einem der *stabilimenti* einen Liegestuhl und einen Sonnenschirm mietet. Manchmal muss man eine Weile suchen, denn viele Italiener mieten ihr Fleckchen für die ganze Saison, „leere" Strandkörbe können also in Wirklichkeit besetzt sein. Ein ziemlich großes Strandstück von Santa Severa ist *spiaggia libera*; hier breitest du einfach dein Handtuch aus. Die

mittelalterliche Burg am Strandanfang macht sich vor allem in der Abendsonne besonders schön auf deinen Strandfotos.
Spiaggia di Santa Severa, Preis Sonnenschirm + Liegestuhl 16 €, Zug nach Santa Severa

Ⓛ Ein lohnender Tagesausflug führt von der Stadt zum päpstlichen Sommerpalast und dessen Gärten. Seit Amtsantritt des derzeitigen Papstes Franziskus ist samstags Besuchstag. Er selbst ist der erste Papst seit Jahrhunderten, der im brütend heißen römischen Sommer einfach in der Vatikanstadt bleibt. **Castel Gandolfo** ist eines der **Castelli Romani**, der Dörfchen rund um die Vulkanseen Lago Albano und Lago di Nemi, südlich von Rom. Jedes der Dörfer hat seinen eigenen Reiz. **Arricia** zum Beispiel ist für die Porchetta bekannt (für die im September sogar ein Fest abgehalten wird) und **Frascati** für seine Weine und prächtigen Villen. In Castel Gandolfo isst du im **Ristorante Bucci** mit bezauberndem Ausblick über den See. Vom Roma Termini fährt stündlich ein Zug nach Castel Gandolfo; schon die Bahnfahrt am Lago Albano entlang ist unheimlich schön.
Piazza della Libertà, Castel Gandolfo, www.museivaticani.va, Sa–So 10.00–17.00 Uhr (mit Führer), Eintritt Palast 11 €, Gärten 12 €, Zugverbindung Roma-Albano ab Termini

REGISTER

SEHENSWÜRDIGKEITEN

ESSEN & TRINKEN

REGISTER

SHOPPEN

FREIZEITTIPPS

VERKEHR

UN SOGNO NON È MAI SOLO UN SOGNO
BEATA SOLITUDO
CHIEDO A UNA BELLA DONNA SEMPLICEMENTE QUELLO CHE CHIEDONO GLI ALTRI
TE DOVESSI DI... NUN È CHE TRENTANNI FÀ BRILLAVI.....E!
I SOGNI NUN DEVONO MORÌ
NON È FORTE COLUI CHE NON CADE MAI, MA CHI CADENDO SI
NO
SI
AMO L'UMANITÀ SONO LE PERSONE CHE MI STANNO SUL CAZZO
QUESTA È CASA MIA E FACCIO COME CAZZO ME PARE
TE VOJO TANTO BENE MA OGGI NUN ME ROMPE LI COJONI
IL SORRISO È STESSO IN TUTTE LE LINGUE
DIO LI FA E POI L'ACCOPPIA CO VOI SE SBAIATO
DOMANI STACCO INTERNET
IL DOLCE FAR NIENTE
POSA SU UN BOTTONE DE ROSA: LO SUCCHIA E SE NE VA.... TUTTO SOMMATO LA FELICITÀ È UNA PICCOLA COSA. T.
IN VINO VERITAS
PAZIENZA PAZIEN PAZIEN PAZIEN UN CAZZO
STAY HUNGRY STAY FOOLISH
NUN RÒMPETE LI COJONI
NUN ROMPE LI COJONI
LA VITA È TROPPO BREVE PER BERE VINO CATTIVO
NESSUNO MI PETTINA BEN COME IL VENT
SPQR

IN GLEICHER REIHE

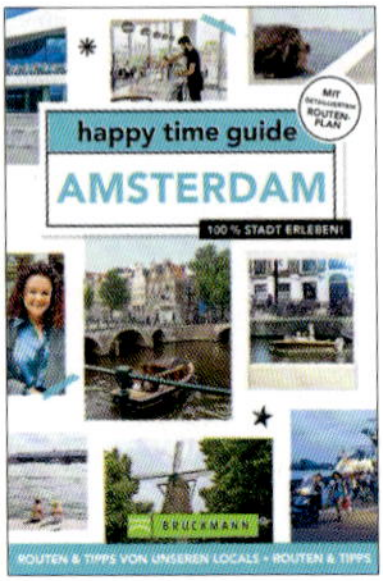

ISBN 978-3-7343-2021-7

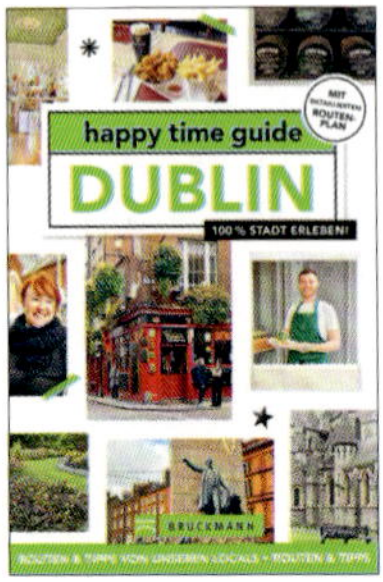

ISBN 978-3-7343-2583-0

ISBN 978-3-7343-1878-8

ISBN 978-3-7343-2582-3

Happy time guide – mehr als ein Reiseführer!

Der happy time guide nimmt dich mit auf unterschiedliche Spaziergänge, auf denen du die Stadt in deinem eigenen Tempo entdeckst und den Lebensstil der Locals kennenlernst. Und das alles, ohne dich vorbereiten zu müssen! Alle Adressen sind persönliche Empfehlungen der Autoren, die in der Stadt leben. Mit inspirierenden Bildern und praktischen Ausklappkarten.

BRUCKMANN

www.bruckmann.de

ERSCHIENEN

ISBN 978-3-7343-2581-6

ISBN 978-3-7343-2576-2

ISBN 978-3-7343-2580-9

ISBN 978-3-7343-2579-3

ISBN 978-3-7343-2578-6

ISBN 978-3-7343-2577-9

IMPRESSUM

This edition is published by Bruckmann Verlag GmbH
in cooperation with »time to momo«.
Autorin: Jessica Schots
Fotos: Roy Bisschops, Marjolein den Hartog, Fiona Ruhe, Vincent van den Hoogen
Layout: Studio 100%, Oranje Vormgevers
Kartografie: Van Oort redactie en kartografie
Repro: MasterColors Media/LUDWIG:media

DEUTSCHE AUSGABE
2. Auflage 2023

Infanteriestraße 11a, 80797 München
Verantwortlich: Claudia Hohdorf
Übersetzung: Silvia Mayer
Redaktion: Gritta Deutschmann,
www.bintang-berlin.de
Korrektorat: Katharina Grimm
Satz: Gritta Deutschmann
Repro: LUDWIG:media
Herstellung: Alexander Knoll
Printed in Türkiye by Elma Basim
ISBN 978-3-7343-2578-6

★★★★★

Sind Sie mit diesem Titel zufrieden? Dann würden wir uns über Ihre Weiterempfehlung freuen. Erzählen Sie es im Freundeskreis, berichten Sie Ihrem Buchhändler, oder bewerten Sie bei Onlinekauf. Und wenn Sie Kritik, Korrekturen, Aktualisierungen haben, freuen wir uns über Ihre Nachricht an Bruckmann Verlag, Postfach 40 02 09, D-80702 München oder per E-Mail an lektorat@verlagshaus.de.

Unser komplettes Programm finden Sie unter www.bruckmann.de

Alle Angaben dieses Werkes wurden von der Autorin sorgfältig recherchiert und auf den neuesten Stand gebracht sowie vom Verlag geprüft. Für die Richtigkeit der Angaben kann jedoch keine Haftung übernommen werden, weshalb die Nutzung auf eigene Gefahr erfolgt. Insbesondere bei GPS-Daten können Abweichungen nicht ausgeschlossen werden. Sollte diese Werk Links auf Webseiten Dritter enthalten, so machen wir uns die Inhalte nicht zu eigen und übernehmen für die Inhalte keine Haftung.

In diesem Buch wird aus Gründen der besseren Lesbarkeit das generische Maskulinum verwendet. Weibliche und anderweitige Geschlechteridentitäten sind dabei ausdrücklich mitgemeint, soweit es für die Aussage erforderlich ist.

Die Deutsche Nationalbibliothek verzeichnet diese Publikation in der Deutschen Nationalbibliografie; detaillierte bibliografische Daten sind im Internet über http://dnb.d-nb.de abrufbar.